身も心も浄化する旅！

お一人さま逃亡温泉

加藤亜由子

みらい PUBLISHING

私が「お一人さま逃亡温泉」にハマった理由

「温泉に行かないと、ダメになる」

自分でいうのもナンだが、私は気遣い屋だと思う。空気を読んで言動を変えるなんて、日常茶飯事。仕事ではお客さまの顔色を読む。家では旦那の機嫌を読む。友人と会うのも3人以上だと気疲れするし、家族旅行ですら、父や妹の意向を聞いて、不備がないよう先回り……。

その上、性格はネチネチ。嫌なことも、寝たら忘れるような清々しい性格ではない（ゼッタイ、ワスレナイ）。

そんな気疲れオンナである私のよどんだ心身を、スッキリ浄化してくれるのが「お一人さま逃亡温泉」の旅である。

だって一人だから！　誰に気遣うこともなく、行きたい温泉に行き、したいように過ごす。ま～るい湯にほぐされる旅もあれば、ガツンと熱い湯に喝を入れてもらう旅もある。地元のおばちゃんに説教される旅もたまにはいいし、絶景を前に、自分のちっぽけさを痛感する旅もいい。

最初は、山奥へと走り続けるバスに一人で乗り続ける不安や（本当に宿なんてあるのか……）、大声で呼んでも誰も出てこない宿に心細さを感じることもあったが（野宿はムリ……）、勇気を出して飛び込んでしまえば、こんなにも心身が浄化されるコンテンツは他にない。

自由に、気兼ねなく、気取らずに。「お一人さま逃亡温泉」の旅こそ、気疲れしているすべての方におすすめしたい、心身スッキリ浄化の旅。はじめの一歩、踏み出してみませんか？　私の体験が、ささやかながらも、背中の一押しになればと願います。

お一人さま逃亡温泉マップ

絶景温泉

① 熱川温泉「高磯の湯」（静岡県）
② 馬曲温泉「望郷の湯」（長野県）
③ 新穂高温泉「槍見館」（岐阜県）

ほっこり宿温泉

④ 栃尾又温泉「宝巌堂」（新潟県）
⑤ 明礬温泉「岡本屋」（大分県）
⑥ 雲見温泉「かわいいお宿　雲見園」（静岡県）

美容温泉

⑦ 川中温泉「かど半旅館」（群馬県）
⑧ 大沢山温泉「大沢館」（新潟県）
⑨ 西山温泉「元湯　蓬莱館」（山梨県）

読書温泉

⑩ 田沢温泉「ますや旅館」（長野県）
⑪ 霧積温泉「金湯館」（群馬県）
⑫ 七沢温泉「福元館」（神奈川県）

広間温泉

⑬ 竹倉温泉「みなくち荘」（静岡県）
⑭ 北白川不動温泉（京都府）
⑮ 小糸川温泉（千葉県）

極上ぬる湯温泉

⑯ 倉真赤石温泉（静岡県）
⑰ 七里田温泉「下湯」（大分県）
⑱ 奥津温泉「東和楼」（岡山県）

トド寝温泉

⑲ 若栗温泉「乗鞍荘」（長野県）
⑳ 鹿教湯温泉「ふぢや旅館」（長野県）
㉑ 妙見温泉「秀水湯」（鹿児島県）

激熱温泉

㉒ 湯河原温泉「ままねの湯」（神奈川県）
㉓ 博多温泉「元祖元湯」（福岡県）
㉔ 長泉寺「薬師湯」（大分県）

地元共同湯

㉕ 熱海温泉「山田湯」（静岡県）
㉖ 飯坂温泉「大門の湯」他（福島県）
㉗ 日当山温泉郷（鹿児島県）

リセット温泉粥

㉘ 塩原元湯温泉「ゑびすや」（栃木県）
㉙ 越後長野温泉「嵐渓荘」（新潟県）
㉚ 岩倉温泉（秋田県）

瞑想温泉

㉛ 底倉温泉「函嶺」（神奈川県）
㉜ 堀田温泉「夢幻の里　春夏秋冬」（大分県）
㉝ 般若寺温泉（岡山県）

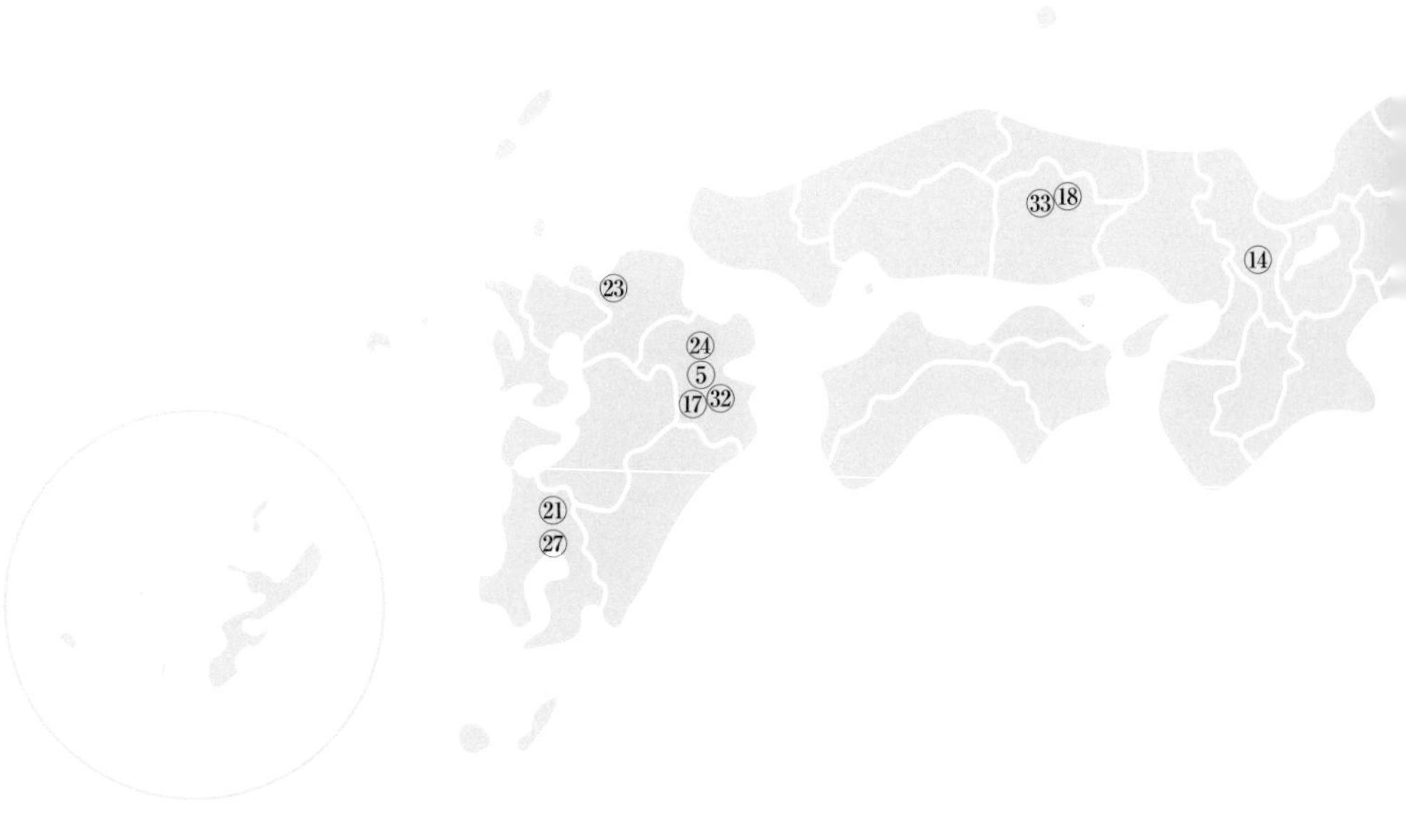

お一人さま逃亡温泉の旅
五つの心得

心得一

がんばらない。
誰にも気を遣わない。

心得二

したいようにする。
行きたくないときは、無理して行かない。

心得三

気取らない。
お財布にも無理はさせない。

心得四

観光地は避ける。
これ以上、人に疲れてどうする。

心得五

温泉選びは湯質を重視。
名湯こそ、心身を浄化してくれる。

思い立ったが吉日。
さっそく、心身浄化の
旅へとまいりませう。

人間ってちっぽけよね、そうよね

あのころの謙虚さを取り戻す絶景温泉

絶景って言葉、流行ったなあ。
一生に一度は行きたいとか。
死ぬまでに見たいとか。
感動？　癒やし？　インスタ映え？

求めるものは人それぞれだけど、
私にとって絶景温泉は叱ってくれる存在。
調子に乗って気が大きくなっている私を、

いさめてくれる存在。

「大地から見たらお前なんぞ、ちっぽけなもんだ。
まあ落ち着け、深呼吸しろ。謙虚さを忘れなければ、
大丈夫、悪いことにはならないから――」

絶景温泉に浸かっていると
プライドがスッキリ剥がされて
自分を取り戻せるような気がしている。

――私がハマった絶景温泉

♨ 熱川温泉「高磯の湯」（静岡県）
♨ 馬曲温泉「望郷の湯」（長野県）
♨ 新穂高温泉「槍見館」（岐阜県）

プライドぜんぶ捨てて、真っ裸で 海と空。。。

熱川《あたがわ》温泉 高磯の湯

静岡県

溜まったグチグチを爆発させて 自己嫌悪……穴があったら入りたい

本当に腹が立っているとき、腹が立っている、と言えない。ヘラヘラっと笑いながら、「あなたの事情、分かりますよ」「私は理解力のある人間ですよ」と賢いフリをして、ガツンと言えない。ええ格好しいなのだ。できる女風でいたいのだ。でもそれはあくまで「風」だから、実際はぜんぜん違う。腹の中に溜め込んで、グチグチグチグチ……。自制できなくなって結局、爆発させてしまう。

周りから見ると、「なんで急にキレてんだ？」となる。しかも女だから下手するとヒステリックに見られて、それがまた悔しい。男だったら「あの人怒らせると怖いからちゃんとしよう」になるところが、女だと「あの人、怒るとちょっとヤバいよね」になる。湧き上がる自己嫌悪。あーあ、社会に出たら女は損するよって、学校でちゃんと教えておいてくれよ……。次、生まれ変わるとしたら男がいいな……。いやいや、もうその思考が、現実逃避じゃねえか。

冒険度　★★★
ひなび度　★★
清潔・キレイ度　★★★
リーズナブル度　★★★★
クセ度　★★

相模湾を望む東伊豆は海沿い絶景共同温泉の宝庫♨

グチグチを解き放つには、人に八つ当たるか、温泉に行くしかない。ちなみに旦那は残念ながら、グチグチに耳を傾けて甘やかしてくれるタイプではまったくない。少しでも私が愚痴り始めるものなら、「それ、俺に関係ある？」とバッサリ切られるため、いっそうグチグチが膨らんでいく。やっぱり、温泉に行くしかない。

東京在住の私にとって、東伊豆は手軽に行ける温泉地の一つだ。思い立ったその日にフラッと電車に乗って日帰り温泉、なんてことも少なくない。とくに海沿いには絶景共同浴場が点在しており、溜まったグチグチを解き放つには最高のロケーションだ。

有名な北川温泉の「黒根岩風呂」をはじめ、今井浜温泉の「舟戸の番屋」、大川温泉の「磯の湯」など、「今日はどれにしようかな？」と、気分によって選びたい放題である。

中でも私が好きなのは、熱川温泉の「高磯の湯」。理由は、なぜかあまり人がいないか

「高磯の湯」の入り口。鳥居のような門構えの先に、海が見える。通過は温泉に浸かる前の儀式のよう。心がシャンと整う

ら。個人的にはもう少し人気があってもよい気がするのだが……いつもひっそりとしている。広い露天風呂を「独泉」なんてことも、よくある。

波打ち際の公共露天風呂
熱川温泉「高磯の湯」で解き放つ

オーシャンビューが売りの旅館が多い熱川温泉。その共同湯である「高磯の湯」は、海が荒れたときには入れないほど海のそばにある公共露天風呂だ。利用料６００円を払って門をくぐる。海を右手に眺めながら20メートルほど歩くと、簡素な脱衣所の小屋に着く。ドボドボと注ぎ込まれる源泉かけ流しの湯の音と、ザザンザザンと岩にぶつかる波の音が合わさったＢＧＭ。逆立っていた神経が、鎮静化されていくのが分かる。

目の前には、20人以上は入れるだろう、ゴツゴツとした岩風呂。贅沢なことに、今日も他のお客さんは不在、私一人。独泉状態だ。「あぁ〜」と、声を出して浸かりたくなる熱めの湯。いやもう実際に「あぁ〜」って声に出していたと思う。冷えにくい塩化物泉なので、相模湾から吹く潮風が火照った体に当たって、最高に気持ちがいい。こりゃたまらん。

見上げれば、遮るものが何もない空。囲いのすぐ向こうは、海。天気がよければ伊豆大島が望めるほど、開放感は抜群だ。目をつぶると、規則的な潮騒に、疲れた脳が癒やされていく……。

潮風、潮騒によるクールダウン
昨日までの自分をリセット

「高磯の湯」に来ると必ずやることがある。海の前に真っ裸で立ち、潮風を全身で受けながら目をつぶり、潮騒にすべての神経を預けること。背伸びをして深呼吸。しばらくすると訪れる、大海原と一体になる快感（船に乗っている人からは丸見えだが）。

だんだん、腹が立っていたことや恥ずかしくてたまらなかったことなど、肥大化していた自尊心がスススス―ッと萎み、うすれ、「ま、いいか」「やっちまったことはしゃーねえな」という思考に切り替わっていく。「空や海と比べたら、大したことねえ、ちっちぇ話だ」と。

グチグチが溜まっているときは、だいたい視野が狭くなっているときだ。やる気が空回っているときなのだ。そのことに、湯の熱さと大海原が気づかせてくれる。執着心を取っ払ってくれる。

「大局の流れに乗って、そこそこやっていければ、まあいいじゃん」。まっすぐ、全身にぶつかりながら語りかけてくれるから、昨日までの自分をまるごとリセットできる気分。明日からまた、そこそこがんばれそうな予感。

個人的には、空気が澄んでいる夕方、うっすら輝き始める白い月を眺めながら浸かるのが好き。一度、早朝に入浴した際、目玉が飛び出るほど熱かったことを覚えている。急速リセットを望む方には、いいかもしれない。

ランチ候補筆頭は、「伊豆の味処　錦」の磯納豆丼。まるで磯の宝石箱や〜！

温泉街の真ん中を川が流れる。のんびりダラダラ下る

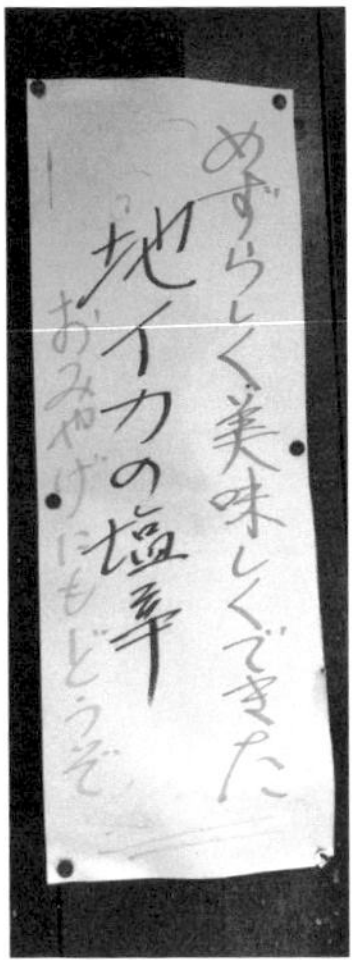

近所で見つけた正直すぎる張り紙。学ぶところが多いなぁ

海側から見た高磯の湯

こんな人におすすめ！

☑ 海沿い露天を体験したい
☑ ホット＆クールでスッキリしたい
☑ 人が多い場所は避けたい

【住　所】静岡県賀茂郡東伊豆町熱川温泉
【電話番号】0557-23-1505
【行き方】「伊豆熱川駅」から、海に向かって徒歩7分
【料　金】入浴　大人600円、小人300円（夏季はプールと併用のため大人700円、小人350円）

ああ ふるさと、絶景野天
プチ蒸発で明日の英気を養う

馬曲《まぐせ》温泉　望郷の湯

長野県

冒険度	★★★★
ひなび度	★★★
清潔・キレイ度	★★★
リーズナブル度	★★★★★
クセ度	★★

蒸発、リセット、憧れるけど現実はそんな勇気持ってないし

黒木華さん主演のTBSドラマ「凪のお暇」。周りに気を遣いすぎて過呼吸になったOLが、仕事をやめ、家も引き払い、スマホまで解約。Tシャツ、ジーパン姿で逃亡し、自分を立て直すストーリーだ。すべてを投げ捨てた主人公・凪が河原の土手を自転車で爆走するシーンは清々しく、私はいつも羨望の眼差しで画面に食いついていた。

生活をリセット、憧れる。だけど実際にそんなことをしたら……後悔するんだろうな。安野モヨコの漫画「働きマン」を思い出す。契約社員ライターの野島はすべての仕事を放棄して蒸発。カプセルホテルでふつふつと湧き上がる罪悪感。編集部に戻り、「手伝うことありますか?」と尋ねると、「手伝うじゃねえ、お前の仕事だろ!」と追い詰められるシーンは迫力があり、リアルだった。

怒られるのはイヤだな……。あと、罪悪感に苛《さいな》まれるのもイヤ。無一文になって、喫茶店でケーキを食べられなくなったり、好きな本が買えなくなったりするのもイヤだ。なんだかんだ失いたくない幸福がある。

だから私はお一人さま逃亡温泉に、疑似的な蒸発体験を求めるのだろう。

晩秋に訪れた木島平の絶景野天馬曲温泉「望郷の湯」

日々の鬱屈を忘却の彼方に投げ捨てられるような、スッキリ心身が浄化されるような、そんな絶景露天に入りたいと探したところ、長野にある馬曲温泉がヒットした。

北陸新幹線に乗り、飯山駅で下車。新幹線の開通でアクセスはかなりよくなったが、そこから先はバスもなく、なけなしの財布からタクシー代を出して向かった。

田んぼの風景を抜け、山道をくねくねと標高700メートルまで上がったところに、馬曲温泉「望郷の湯」はある。北信州を望む

紅葉で覆われた湯小屋。俳人が隠居する庵みたいな風情がある

眺望の素晴らしさにファンも多く、日本経済新聞社から「雪景色が素晴らしい温泉」として選定されているそうだ。

訪れたのは晩秋のころ。「紅葉が見られるかも」と期待したが、タクシー運転手には、「遅いよ！　もう終わりだね～」と言われてしまった。「どっから来たの？」「東京です」「あ～はいはい、なるほどね～」。会話から、「木島平の寒さを分かってないね～」という雰囲気が伝わってきた。よく見ると山裾には、赤黄茶色、くすんだ木々の葉が少しだけ残っている。

北アルプス、里山、紅葉の終わり郷愁に浸り、湯からパワーをもらう

立派な建物だった。食堂や休憩スペース、内風呂もあり、一日中くつろぐことができる。地元の方も日常的に活用しているようだ。入浴料はたったの５００円。ワンコインで温泉に入りたい放題だ！　私はさっそく野天風呂へと向かった。

きちんと掃除された脱衣所。格子戸から露天がチラホラ見えて、気持ちがはやる。裸になって外へ出たら……なんてスペクタクルな眺望なんだ！　北アルプスまで一望できる絶景パノラマに、目も心も奪われる。10人以上は入れる岩風呂には、熱い湯が注がれ続け、冷えた空に湯気を何本もくゆらせている。

畳みかけるように連なった山々の狭間からは、木島平の里山が見え、故郷でもないのに懐かしい気持ちになる。忘れがたき日本の風景、といったところか。黄色や茶色に色づいた山の姿に、秋終盤から冬へと向かう季節の変わり目を感じる。

泉質は源泉39度の単純泉。吹く風冷たい季節は加温しており、体を沈めるとグッとくる熱さ。湯面に浮いた落ち葉と混浴するのも一興だ。

のぼせた体を冷ますため、風呂の端に座り、山風に吹かれながら望郷の景色を眺めていると、明日から再び始まる仕事が頭をよぎるも、「まあがんばるか」という気持ちになってくる。不思議だ。真っ裸で山の澄んだ空気に浸っていると、英気が養われる。科学では証明できないパワーが働いている。

湯上がり後の濃厚ソフトクリーム 幸せって案外、簡単かも

内湯にも入った。浴槽から豪快にオーバーフローする湯は、見ているだけでも気分がいい。のんびり独泉していると、地元のおばちゃん3人組が和気あいあいと入ってきた。

「ここに来たらソフトクリーム食べなきゃねえ」

「そうそう楽しみだ～！」

ほう、ソフトクリーム。しっかり頭に刻んで内湯を明け渡した。

木島平の濃厚牛乳ソフトクリームは受付で販売されていた。生乳100パーセントで蜜のように甘いのに喉も渇かず、ぺろっと食べられてしまう。うん、おいしい。

すると、きゃあきゃあ騒ぎながらソフトクリームを食べる、先のおばちゃんたちと出くわした。「今、幸せですか？」と尋ねたら、間違いなく「イエス！」と答えるんだろうな、なんて想像する。

すべてをリセットしなくても、幸福になれる方法はいくらでもある。たとえば、絶景野天に浸かってソフトクリームを食べる。いいじゃないか。十分じゃないか。

広くて清潔な脱衣所。奥に見える露天風呂のチラリズムがたまらん！

絶品ソフトクリームは湯上がり後にぜひ。冬でも、寒い日でも

こんな人におすすめ！

- ☑ 山の絶景露天を体験したい
- ☑ 郷愁に浸りたい
- ☑ 甘いデザートも楽しみたい

【住　所】長野県下高井郡木島平村大字往郷5567-1
【電話番号】0269-82-4028
【行き方】「飯山駅」からタクシーで15分、山を登ったところ
【料　金】入浴　大人500円、小学生200円、幼児無料

食堂の昭和ノスタルジックなカレーライス

その雪見露天、圧巻！北アルプスと湯気に抱かれて

新穂高温泉　槍見館

岐阜県

冒険度	★★★★★
ひなび度	★
清潔・キレイ度	★★★★★
リーズナブル度	★
クセ度	★★

「槍見の湯」

初めて一人で秘湯に挑戦 あの高揚感は、忘れられない

一人で行動することに抵抗のない私だが、一人で遠出することには慣れていなかった。何を隠そう、地図が読めない方向音痴だ。時刻表を読み解く作業も苦手である。「本当にこの時間にバスは来るんだろうか」とドキドキしたり、焦って一つ前の駅で降りてしまったり。自分自身はまったく信用できないから、分からないことはすぐ駅員や運転手に聞くようにしている。

最初は近場の温泉地から挑戦して、慣れてきたら、新幹線でアクセスしやすい地域の宿を攻めるようになった。そして、勇気を持って初めて「アクセスの悪い秘湯」に挑戦したのが、新穂高温泉のある奥飛騨温泉郷だった。

雪深い北アルプスの山奥に、どんどん踏み込んでいくバス。一人また一人と客が降りていく中、私だけになったときの不安と集中力は、今でもしっかり覚えている。冒険の扉を開けるようなドキドキ感は、今思い返しても、高揚感のある楽しいものだった。

露天風呂の多さは日本一⁉ 奥飛騨温泉郷に、バスで一人

東京からだと、名古屋経由と長野経由がある。交通費を重視するなら長野経由だ。特急あずさで松本市まで。その後はバスで向かう。

奥飛騨温泉郷に近づくにつれ雪景色が広がり始める。晴れていれば、北アルプスの美しい名峰を望めるが、訪れた日は残念ながら曇りだった。いやいや、曇天の重たい雪景色も冬ならでは。個人的には嫌いじゃない。

温泉名のついたバス停が次々と現れる。坂巻温泉、中の湯、平湯温泉、福地温泉、栃尾温泉……さすが、日本一露天風呂が多いと言われる奥飛騨温泉郷。旅行カバンを携えた人たちが次々に降りていき、取り残される気分になる。

「次は○○〜○○〜」

「渓流の湯」の湯船は、すっぽりと1人がハマるサイズが心地いい

バスの案内に全神経を傾ける。不安が募り、運転手に尋ねたら、目的地はまだぜんぜん先だった。

下車したのは終点から一つ手前の中尾高原口。歩いて6分ほどで「槍見館」が見えてくる。

九つもの風呂を備えた「槍見館」
新穂高に湧く温泉テーマパーク

立派な古民家だ。木材の温かみと、太い柱に感じる安心感。庄屋屋敷の古材を用いてリニューアルしたそうだ。オレンジの照明を用いた館内は、モダンでおしゃれな空間。外国の方を相手に接客をこなすスタッフや英語訳の看板も見られる。

実は「槍見館」は基本的にお一人さまの宿泊を受け付けていない。だがぜひ電話してみてほしい。空いていると快く案内してくれるし、ご主人のお声もやさしく、その日が駄目でも別日をトライしたくなる。そしてなんといっても、湯船の多さに感動する。混浴露天風呂が二つ、女性専用露天が一つ、貸切露天が四つ、大浴場が一つ。足湯まで入れると、九つものバリエーション！　奥飛騨温泉郷に湧く湯量の豊かさが体感できる。

各浴室、趣向をこらしている。貸切露天「渓流の湯」は、一人でのんびりできる広さがいい。晴れた夜は星を見ながら、もの思いに耽《ふけ》るのも乙である。「ほたるの湯」は、隠れ家風の岩風呂。うっすら光がさす戸に趣がある。温泉読書にはもってこいだ。ブランコつきの温泉もある。「森の湯」は、子どもじゃなくてもはしゃいでしまう。

その中でも必ず入ってほしい湯が、宿の名前にもなっている混浴露天「槍見の湯」だ。

北アルプスを溶かす熱い湯気
雪見の絶景露天で、無敵になる！

裸で真冬の刺すような空気を感じながら、石段を降りる。そこには、雪化粧をした北アルプスの名峰・槍ヶ岳を仰ぎながら、温泉に浸かる贅沢が待っていた。

「うわうわ、すごっ！……あぁっ寒い！」

はしゃぐ気持ちと冷たい風が同時に襲ってくる。まずは湯で温まろう。肩まで浸かり、ふにゃふにゃあと筋肉が緩むと、眼前の景色を眺める余裕も生まれてくる。

圧巻。ドンと広がる壮大な雪景色に、改めて、日常から離れ、遠くまで足を運んだことを実感する。熱い湯気がくねり、槍ヶ岳の雪と重なる光景にうっとり。

湯は無色透明の炭酸水素塩泉。もちろん源泉かけ流し。圧倒的な湯量に身を預けながら、自然が魅せる絶景に飲み込まれていく感覚は、突き抜ける爽快感と、ほどよい脱力感を連れてくる。ああ、これこれ、これを味わいに来たのよ。頭にゴタゴタと溜まっている課題が、ちっぽけに思えてくる。今の私はきっと無敵だぜ！

悔いのないよう十分堪能して、「槍見の湯」を引き揚げる。その後は大浴場の湯を上がり湯に、念入りに体を温めた。

翌朝は高山の城下町をブラブラ歩き、奥田又右衛門膏本舗で下呂膏を買った。肩こりのひどい父と、右手を傷めがちな自分用に。効きがよく、アマゾンでも度々購入するし、奥飛騨温泉郷を訪れたら必ず爆買いしている。

「森の湯」のブランコ。大人ぶって乗らずに出てしまった……心残り

囲炉裏で焼かれる夕食用の岩魚

温泉卵、つい買っちゃう！

こんな人におすすめ！

☑ 雪見露天を体験したい

☑ スペクタクルな絶景に感動したい

☑ いろんな湯船を楽しみたい

【住　所】岐阜県高山市奥飛騨温泉郷神坂 587
【電話番号】0578-89-2808
【行き方】「松本駅」から新穂高行きバスで 2 時間、「中尾高原口」下車、徒歩 6 分
【料　金】宿泊　20,000 円～（お一人さま宿泊の詳細は、電話で確認を）

女将さんのやさしさが沁みる
お一人さま歓迎 ほっこり宿温泉

お一人さまの宿泊を
断られた回数は1回や2回じゃない。

以前は、女性の一人旅を警戒されているように
感じることもあったが、さすがに令和。

「土日は受け付けていないんですよ〜」

という断られ方が増えてきた。

商売なので仕方ないと思うが、

やっぱり少し寂しい気持ちになる。

そんな中、
「お一人さま歓迎」を掲げる宿に出会うと、
その懐の深さに感激する。

またなぜかそういう宿に限って、
必ずといってよいほど、
女将さんの笑顔がキラキラと輝いている。

――私がハマったほっこり宿温泉

♨ 栃尾又温泉「宝巌堂」（新潟県）

♨ 明礬温泉「岡本屋」（大分県）

♨ 雲見温泉「かわいいお宿　雲見園」（静岡県）

魂までゆらりゆらり
霊泉の湯で、若返りスイッチ、オン！

栃尾又温泉　宝巌堂　新潟県

「笑うあなたに福来たる！」
女将さんから毎年届く年賀状

毎年、年賀状を送り続けてくれる方がいる。栃尾又温泉「宝巌堂」の女将さんだ。朱と墨の筆とボールペンで書かれた、「2021年、保存版、笑うあなたに福来たる！」というお茶目なタイトル。その下には、2月なら「新雪の音がしんしんしますよ」、6月なら「新緑キレイ。しかも空いてる」、7月から9月なら「あゆ刺～子持ちあゆ」など、季節毎に一文が添えられ、想像力をかきたてられる。さらにハガキ自体が、「お年玉2021円」の宿泊割引クーポンになる演出まで！「宝巌堂」の年賀状には、お客さまに楽しんでいただきたいという女将さんの人柄が詰まっていて、温かい気持ちになる。いつ行こうかなと、カレンダーをめくってしまう。

ラジウム泉で有名な栃尾又温泉
お一人さま大歓迎の宿「宝巌堂」

「宝巌堂」は、ラジウム温泉の湯治場として名を馳せる、栃尾又温泉にある。閑散期に入っ

冒険度　★★★★
ひなび度　★★★★★
清潔・キレイ度　★★★★★
リーズナブル度　★★
クセ度　★★★★

石の上に乗った銀のコップも含めて
一枚の絵画のような「したの湯」

た農家の人たちが、米や味噌や布団を抱えて湯治に集まった歴史があり、「1週間入れば、風邪を引かない」と言われていた。今でいう「予防医学」の考えだ。

私が訪れたのは、気怠い暑さに終わりの見えない8月末。越後湯沢駅の一つ先、浦佐駅で降りる。そこから奥只見行きのローカルバスに乗り、山間を進むこと35分。越後三山只見国定公園内にある、栃尾又温泉に到着する。栃尾又には、「自在館」「神風館」「宝巌堂」と3軒あるが、どの宿にも湯船はない。貴重なラジウムの源泉を各宿に引いてしまうと、新鮮さや湯量が失われてしまうため、共同湯という形をとり、守り続けているそうだ。

宿に着くと、女将さんが笑顔で迎えてくれた。建物は、湯治宿のおんぼろイメージとは異なり新しく、窓からは山の涼風が流れてくる。部屋のソファに寝そべると、木漏れ日に顔をくすぐられる。丸テーブルには宿からのメッセージ。

「くう、ねる、はいる、で、自分メンテナンス。心がほどける滞在の始まりです」

珈琲も紅茶も飲み放題。漫画がそろった読

萎縮してしまうほど、素敵なお部屋。白いソファに寝転がって、夏の木漏れ日を浴びながら読書する

書室もあり、おこもりの準備は万全だ。

まずは「おくの湯」へ 身動きせず、誰もが黙って瞑想

共同湯は三つ。「おくの湯」「うえの湯」そして「したの湯（霊泉の湯）」。1日交代で男女別に分けられ、1泊すればすべての共同湯を堪能することができる。

そもそもラジウム温泉とは、微量の放射能線が含まれる湯のことで、全身の細胞を活性化させる作用がある。「ホルミシス効果」と言われ、医療の現場でも活用が進んでいる。私はまず、栃尾又温泉センターにある「おくの湯」に足を運んだ。

不思議だ。ここまで誰とも会わなかったのに、なぜこんなにも大勢のおばちゃんたちが浸かっている!? 隙間を見つけて、そろりとおじゃまさせてもらう。37度の源泉かけ流し。ぬる湯の霊泉に身を預ける。

共同湯といえば、ワイワイガヤガヤ、常連さん同士のおしゃべりで活気づいている湯治場も多いが、ここは真逆だ。瞑想したり、本を読んだり、口を開けて寝ている人までいる。かけ流しの音しか響かない、静寂の湯。口から、鼻から、肌から、ラジウムを取り込もうと、湯に没頭し続けることがセオリーなのだろう。私も真似をして、ひたすら湯の中に佇んでいた。

オシャレ湯治料理で養生し、霊泉「したの湯」の神秘に浸かる

夕食は養生料理のフルコースだ。パプリカ、トマト、ぬた、しょうが、魚沼産の野菜がたっぷり！ シンプルな味つけながら、手の込んだメニューが楽しめ、お腹いっぱい食べても罪悪感がない（笑）。また部屋食なのもいい。テレビを見ながら、のんびり気楽な夜である。

翌朝は早起きして、栃尾又の真骨頂「したの湯」に向かった。源泉の真上に湯小屋があり、もっとも湯が新鮮と言われている。80段はある桐の階段を降りて、源泉井戸のある山の下へ。脱衣所に到着。扉を開けると……！ 木々の緑が反射する湯面、神秘的な空間に

息をのむ。うす暗い中、オレンジの電球一つに照らされた湯船は、幻想的だ。写真で見ると広く感じたが、実際はこじんまり、隠れ家のような雰囲気がある。真ん中の岩からはトクトクと源泉が流れ、飲泉もできる。

波立たせることすら憚《はばか》るような静けさだ。肩まで浸かり目を閉じていると、ぬる湯に手招かれているような気分になる。魂まで、流れ出してしまうんじゃないかと、危ぶまれるイメージだ。脳が完全に脱力状態で、自律神経が緩み切っているのが分かる。ゆらりゆらりと細胞も、今、修復されているのだろうか。若返っているのだろうか。

気づいたらバスの時間だった。「あらら、乗り遅れるよ！」女将さんまであわてさせて、ちゃんと挨拶できなかった。また来て御礼を伝えなきゃ……。ゆらりゆらり、バスに揺られる私の魂は、しばらく湯の中にいた。

三つの宿が、肩を寄せ合うように共存している栃尾又温泉。案内看板がなんだかほっこり

女将さんが毎年送ってくださる年賀状

夏野菜たっぷり！な宿ご飯

こんな人におすすめ！

☑ 現代プチ湯治に興味がある
☑ 神秘の湯に魂を預けたい
☑ 細胞から若返りたい

【住　所】新潟県魚沼市上折立 60- 乙
【電話番号】0120-04-2216（予約専用）
【行き方】上越新幹線「浦佐駅」から奥只見行きバスで 35 分、「栃尾又温泉」下車すぐ（直通バスは季節限定）
【料　金】1泊2食 16,000 円～

ミルキーブルーの楽園　夜景を見ながら別府の地産フルコース

明礬《みょうばん》温泉　岡本屋　大分県

令和の今、お一人さまを求めるのは……女性の方？

女性向けに、お一人さま温泉特集を組む雑誌が増えた。昔は「男の隠れ家」や「一個人」など、男性向けが多かったが（よく購入していた20代だった）、今やライフスタイル雑誌「CREA」を筆頭に、取り扱うメディアも増えてきた。一方、男性の方が、学生ノリを思い出すように友人同士で旅行を組んだり、家族でグランピングを楽しんだり。世間から離れて癒やされたいのは、今や女性の方かも？なんて思ったり（笑）。

めずらしく雑誌をめくっていたときに、目に飛び込んできたのが、明礬温泉「岡本屋」だった。この世の景色とは思えないミルキーブルーの露天風呂。お一人さまでも寂しくないようにと、カウンター席に並べられた夕食の数々。景色を見ながら楽しんでほしいという紹介文にグッときた。

確かに、一人旅を重ねることで、どんどん心臓を強くしている私でも、家族やはしゃぐカップルに囲まれながらの夕食は、居心地の

<table>
<tr><td>冒険度</td><td>★★</td></tr>
<tr><td>ひなび度</td><td>★★</td></tr>
<tr><td>清潔・キレイ度</td><td>★★★★★</td></tr>
<tr><td>リーズナブル度</td><td>★</td></tr>
<tr><td>クセ度</td><td>★★★★</td></tr>
</table>

悪さを感じるもの。この気遣い、きっと素敵な宿だろう。

江戸時代から湯の華を咲かせる別府八湯の名湯「明礬温泉」

日本一の源泉数を誇る別府八湯。その一つが明礬温泉だ。バスに乗り、街中を抜け、湯けむりが立ち上る中、山の上を目指す。その歴史は名前の通り、明礬の製造業に由来する。止血剤や下痢止めとしての薬効も高く、江戸幕府の直轄地として栄えていたそうだ。

20分ほどで、日本でも有数のコンクリートアーチ橋、別府明礬橋が見えてきたら、目的のバス停に到着。降り立つと、硫黄の香りが豊かに漂っている。

看板から少し坂を登ったところ、別府明礬橋を背負うように建つのが、明治から続く老舗旅館「岡本屋」である。光さすほの明るい玄関、上品な生け花。呼び鈴を鳴らすと朗らかな返事が響き、和服姿の女将さんが出迎えてくれた。

「お疲れさまでした～」

食堂の大きな窓からは、眼前に明礬橋が見えて迫力がある

ふっくらとしたその笑顔は、周りをパッと元気にする華やかさと、商売人のパワフルさを兼ね備えた、九州人らしいおおらかさを感じた。一気に親近感が湧いた。

神秘的なミルキーブルーの湯 ピンクつつじとの共演で魅せる楽園

さて夕飯前に、ひとっ風呂。傾斜強めの階段を降りて脱衣所へ向かう。扉を開けるとまず、内風呂が二つ。立派な檜風呂と岩風呂だ。青磁のように、うすく青みがかった半透明の明礬硫黄泉が浴槽からあふれている。加水も加温もなしの自噴源泉、100パーセントかけ流し。酸性湯で殺菌力が高く、古い角質を落とすピーリング効果がある。一方、ピリつくような強烈さがないのは、メタケイ酸を豊富に含むためだろう。むしろ肌触りはしっとり。皮膚病にも薬効があり、化粧クリームとしても販売されている。

「別府では、明礬温泉で角質を落とし、鉄輪温泉で保湿すると美肌になれるのよ」

女将さんが教えてくれた。なるほど、自然の力は理に適っている。また、「岡本屋」は新鮮な源泉を注いでいるため、飲泉も可能。苦味とピリッとした酸味が舌に走る！　体へのよさを頭で理解し、コップ一杯、グッと飲み干した。

さあ、露天風呂へ。扉を開けると、奥に別府明礬橋が見える。裸足で石段を降りていくと……ミルキーブルーの温泉が！　鮮やかな色合い、ハッとするほど神秘的な光景は、写真で伝わりきるものではない。初夏に咲いたピンクつつじとのコントラストにも目を奪われる。これぞ「おんせん県」の楽園だ。外気に触れているためか、内湯よりもぬるい。心地よく浸かれる温度に、現世の迷い事も忘れていく。奥ではコポコポと絶えず、源泉の湧き続ける小気味よい音。運よく独泉できたこともよかった。季節を変えてまた入りたい。

別府湾を望む夜景を見ながら ゆったり地産を味わうフルコース

お楽しみの夕食。雑誌で見た通り、カウンター席に案内してくれた。ガラス窓越しには再び、立派な別府明礬橋。その向こうには別府湾が広がっている。絵画のような夜景を眺めながら、周りを気にせず楽しめるのは、お一人さまにうれしい配慮だ。

食事もまた豪勢だ。豊後水道の海鮮、大分和牛、地産の野菜など、別府の食の豊かさを堪能できるメニューの数々。名物の地獄蒸しはもちろん、地獄蒸しプリンまで！　満たされたお腹をさすりながら、心地よく更けていく夜である。寝る前にはもう一度、ミルキーブルーの湯に浸かろう。

翌朝は、明礬温泉の「湯の花小屋」を見学した。江戸時代から変わらぬ製造技術は、重要無形民俗文化財に指定されている。まるで生き物のように、下から生えてくる様子にギョッとしたが、見続けているとだんだん可愛らしく感じてきた。このキラキラ輝く結晶たちが、昨晩、私の古い角質を落とし、肌をツルツルにしてくれたのか。そう思うと、なんだかやさしい気持ちになれた。

露天の岩々には、硫黄物質がしっかりこびりついている

お部屋からも明礬橋が見える

別府駅

内湯の源泉は、今まで飲泉した中で……一番まずかったかも!?

こんな人におすすめ！

☑ ミルキーブルーの湯は未体験
☑ ピーリング効果で美肌になりたい
☑ お一人さま夕食を堪能したい

【住　所】大分県別府市明礬４組
【電話番号】0977-66-3228
【行き方】「別府駅」からバスで 25 分、「明礬」下車、宿の案内看板が見える
【料　金】1泊2食 24,000 円～（季節により、お一人さま宿泊の受け付け内容に変更も。公式サイトや電話で確認を）

宿から歩いて２分、「岡本屋売店」の地獄蒸しプリンとたまごサンドはおすすめ！

空を一人占め、高台露天　夕景に浄化される旅

雲見温泉　かわいいお宿　雲見園

静岡県

冒険度	★★★★★
ひなび度	★★★★★
清潔・キレイ度	★★★★
リーズナブル度	★★
クセ度	★★★

心洗われる夕景を求めて
妹と行った西伊豆旅行の思い出

教職についたばかりの妹は、鬱憤《うっぷん》が溜まっているようで、電話をする度に「旅行に行きたい」と騒いでいた。そこで姉の私は、西伊豆旅行を計画した。

東京から下田まで下るにも時間を要するが、さらにバスに乗って半島を回る。その間も妹は、ずっと仕事の愚痴をこぼしていた。昼食中も、海の前でも。私は相槌《あいづち》を打つだけで、ほとんど聞いていなかった。

夕刻。真っ赤に染まる落日を見ようと、私はベストポジションを探して待機した。夕陽が落ちていく瞬間に、全神経を集中させる。一方、そんな絶景を前にしても、妹は変わらず愚痴をこぼし続けていた。グチグチグチグチどす黒い色で、真っ赤な夕景を塗り潰す、教育現場の深い闇。自然の美をもっても食い止められないとは、一体いかほどのものか。

結局私も、夕陽に浸ることができなかった。そして強く決意する。もう一度、西伊豆に来よう。必ず。一人で。

夕陽と富士で知られる海幸の町
西伊豆松崎町の「雲見温泉」

伊豆急下田駅からバスに乗る。バサラ峠を経由して行く方法もあるが、おすすめは1日1本運行されている、雲見までまっすぐ向かうバスだ。駿河湾沿いを走る旅程は気持ちがいい。走り続けること70分でバス停に到着。目の前が雲見温泉地区になる。

小さな湾に沿った漁港町だ。赤茶けた漁網が景色に色をさす。数十分で歩き回れてしまうほどの小さな町には、秘湯の趣が漂っている。晴れていれば、富士山が雄大に見えるそうだが、残念ながら曇っていた。

私は「かわいいお宿　雲見園」に宿を取っていた。実は以前、風邪をこじらせて、前日キャンセルしたことがある。そのとき、「いいよいいよ、仕方ないよ、今度来てね」と、

湯上がり後、念願の夕陽を拝むことができた

やさしく対応してくれて、ぐったりした体が少しラクになったことを覚えている。必ず行かなければと思い続け、ようやく念願叶ったわけだ。

ドキドキしながら女将さんとご対面。「よく来てくれました～」と温かく迎えてくれた姿が、想像していた姿と重なった。アットホームな雰囲気と、一宿を切り盛りするチャキチャキ節。元気を分けてもらえる。

案内してくれた部屋も、見た瞬間に気に入った。海のような青色の畳。その先には雲見浜が広がって、波の音が聞こえてくる。

空に足を突き出す、高台の貸切露天 海の塩化物泉で芯からポッカポカ

男女別の内湯もあるが、メインは、木の柱で組まれた高台にある貸切露天風呂だろう。夕陽前に予約を入れた。

階段を一段一段上る度に、空が開けて、ワクワクが募る。戸を開けると簡易的な脱衣所。そして、源泉100パーセントの雲見温泉がなみなみと注がれ続ける、小さな樽風呂がお目見えだ。生垣越しには海と烏帽子山が見えて、開放感がある。

湯はさすが西伊豆、熱めの塩化物泉。無色透明で、舐めるとしっかり塩辛さを感じる、まさに海の温泉だ。樽は体がすっぽり納まるサイズで、空に足を突き上げながら寝湯のように浸かってみた。顔と足先に当たる冬の空気。対照的にジーンと温められていく胴体。このチグハグ感覚こそ、樽風呂露天の醍醐味じゃないか。あっという間に汗が吹き出して、全身が熱い。仰ぎ見ると、うっすら雲。「夕陽、今日は無理かもしれないね」と女将さんは言っていたが……。

湯上がり後、ホカホカの陽気な体で、「雲見想い出岬」に向かった。湾に突き出した岬には、夕陽の時刻になると観光客が集まってくる。

雲が赤く染まり始めた。瞬間、幸運なことに雲間が開き、海に沈みゆく神々しい夕陽を拝むことができた。つい先ほどまでおしゃべりしていた人たちが、一斉に口を閉じ、静けさが訪れる。夕景の海の壮大さに、誰もが浸り、心洗われる数分間となった。

イサキのお造り、メバルの塩焼き
真心こもった、雲見の海鮮づくし！

「雲見園」のもう一つの楽しみは、地物を活かした海鮮づくしの夕飯だ。サザエのつぼ焼き、もずくの酢の物、メバルの塩焼き、イサキのお造りエトセトラ。余ったお造りは、しゃぶしゃぶにできる計らいまで。

特産である天草を使った、天然のところてんにも注目だ。雲見はかつて天草採取で栄えた漁村であり、現在も続く稀少な地区。他ではお目にかかれない本物を味わうことができるのだ。きなこと黒蜜をかけて、くずきり風にいただく。あごが疲れるほどの弾力だ。

夕食後にもう一度、貸切露天へ。星空に足を突き出して浸かる樽風呂も、格別だった。

また「雲見園」の女将さんは温泉めぐりが大好きで、全国の秘湯宿とつながっている。「ここもすごくいいよ～」と、いろいろ教えてくれるので、訪れた際は聞いてみるといい。私もたくさん情報をいただいて、ほっこり得した気分で帰ってきた。

貸切露天までの階段

女将さんにすすめられ、烏帽子山を登った。圧巻の360度パノラマ。「うおー！」って叫んだ

これで1人分!?の豪勢すぎる夕食

こんな人におすすめ！

☑ 夕陽と海に心を洗われたい
☑ 海鮮を思う存分味わいたい
☑ のんびり静かにこもりたい

【住　所】静岡県賀茂郡松崎町雲見 401
【電話番号】0558-45-0441
【行き方】「伊豆急下田駅」から、1日1本運行の雲見直行バスがおすすめ。70分で「雲見温泉」バス停に到着
【料　金】1泊2食 19,000 円～

まるで化粧水！
自然に囲まれながら肌を潤す
贅沢おこもり 美容温泉

日ごろのがんばりが溜まりだすと、
肌全体が下がってくる。
目元が落ちて……ほうれい線が目立ってきて……。
お高めの美容液を買っても戻らない！

このままではヤバい、と思ったら、
すべてを放り投げて温泉に行く。

全身を化粧水に浸すような浴感。
地元の食材を使った手作り宿ご飯。
体の内側からスッキリ変わっていく感じ。
クサクサしていた気持ちまでリフレッシュ。
翌朝、鏡に映った自分の顔を見て元気が出る。
即効性、あります（笑）。

―私がハマった美容温泉

♨ 川中温泉「かど半旅館」（群馬県）

♨ 大沢山温泉「大沢館」（新潟県）

♨ 西山温泉「元湯　蓬莱館」（山梨県）

スキンケアいらず！ つるんとした女将の美肌が証明です

川中温泉 かど半旅館

群馬県

「あ〜もう疲れた！ 限界だ」 叫びながら電話をかけた先

夜は終電近くまで働き、土日返上で対応する。納めても戻ってくるメールを、モグラ叩きの如く打ち返す。

そんな状況が4週間、5週間と続き、家とオフィスの往復だけの日々に閉じ込められてしまうと、さすがに嫌気がさしてくる。「このままでは死ぬ」と感じた私は、「あ〜もうイヤだ！」と狂乱し、「なんとかしろ、このヤロウ」と後輩に当たり散らしながら、スマホに手を伸ばした。かけた先から聞こえる、まるで小鳥のさえずりのような朗らかな声。川中温泉「かど半旅館」の女将さんだ。

「明日……なんとか1名、予約できないでしょうか」

必死に懇願する。このときの気分としては、1名というより、一命という方が表記としては正しい。もう私の命を助けてくれ、という気分だった。

「あ〜ごめんなさい、埋まっちゃったんですよ〜」

冒険度	★★★★
ひなび度	★★★★
清潔・キレイ度	★★★
リーズナブル度	★★★★
クセ度	★★★

地獄の通告。しかしその直後、「でもね、明後日は空いていますから。ゆっくりできると思いますよ〜」。

温泉の女神がさし伸べてくださった救いの手。その日も仕事はあったが、もう割り切って休暇を取得。後輩に「なんとかしとけ、このヤロウ」と伝え、若々しい緑が揺れる5月半ばに出発した。

吾妻渓谷の奥に佇む「かど半旅館」メインキャラクターはひょっとこ？

アクセスは困難ではないが、時間はかかる。東京からだと新幹線やローカル線などを乗り継ぎ、とにかく川原湯温泉駅までたどり着けば、「かど半旅館」の女将さんや息子さんが車で迎えに来てくれる。「お疲れさまでした〜」と、電話と同じ朗らかな女神の声を聞いたときは、力んでいた全身が緩むのを感じた。

宿に向かうには、手前にある川原湯温泉を通っていく。八ッ場ダム建設のため、数多くあった旅館群は移転しており、少しもの悲し

分厚い本も読み切ってしまうぬる湯加減。
ちなみに本は「下山事件 暗殺者たちの夏」

い雰囲気だ。地質の関係かどうかは定かでないが、お湯の出が悪くなった宿もあるとかないとか。地元の話を聞かせてもらいながら、女将さんの運転する車は、どんどん山奥へと入っていく。

チェックインより、少し前の時間を狙って到着。露天風呂が混浴のため、他のお客さんが到着する前に堪能しようという魂胆だ。女性時間はあるものの、やっぱり昼間からどっぷり浸かりたい（笑）。

宿のいたるところには、ひょっとこやおかめが飾られていた。あら、浴衣にも。伺うと、幸福を呼ぶ「かど半旅館」のメインキャラクターだとか。アットホームな雰囲気と、山裾の一軒宿にひっそり流れる、風の音、山の音、川の音に、とがっていた神経がゆるゆるとほどけていく……。

肌が生き返る、元気になる しっとり化粧水に全身を浸す浴感

何を隠そう川中温泉は、和歌山の龍神温泉、島根の湯の川温泉とともに、日本三美人の湯として有名な温泉地。「かど半旅館」は、その川中温泉を堪能できる唯一の宿になる。

特徴は、なんといってもお湯のやわらかさ。さらりと角のない、ま～るい泉質。何これ、家のお風呂で沸かしている水道水とぜんぜん違う。もうこれは……化粧水じゃん！ ということは……今、私の全身は化粧水に浸かっているってこと？ なんという贅沢！ あのセレブ姉妹もびっくり、まさに女子全員が抱く憧れのシチュエーションだ！ 浴感に、肌がしっとり感動しているのが分かる。日々パソコンやスマホとにらめっこし続けているせいで（加齢のせいで）、硬くなっていた肌もほぐされ、生き返る感覚がして、私は何度も温泉を手のひらですくっては顔を浸した。

無色透明の澄んだカルシウム－硫酸塩泉。35度の源泉を加温したかけ流し。長湯向きのぬる湯なので、分厚い本を持ち込み、2時間ほどは浸かっていた。途中、男性のお客さんが入ってこられたので、そそくさとバスタオルを巻き、後ろ髪を引かれる思いで露天風呂を後にした。

深夜の内湯で女将さんとバッタリ 白魚のような透明肌に、湯力を見る

お楽しみの夕食の時間。群馬の食卓をのぞいたような、家庭的なおもてなし郷土料理がズラリと並んだ。ぷるっぷるの刺身こんにゃくをはじめ、鯉の洗い、季節のお鍋、そしてご主人お手製の郷土料理、おっきりこみ。食後は緑茶をすすって、ほっこり一息。おいしい上に、なんてヘルシー。気取った都会のデトックスメニューよりも、ちゃんと体の内側から整う気分に満足できる。

寝る直前、暗くなってから内湯へ向かうと、女将さんが入浴していた。チラ見させていただいたそのお肌が、もう陶器のようにつるつるで、白魚のような透明感がすごかった。年下の私が恥ずかしくなるくらい、それはそれは美しくて。毎日この良泉に浸かっているのだから、当然といえば当然か。私も宿泊している間はできる限り入湯し、温泉をすくってはピシャピシャと、疲れた顔にしみ込ませた。「戻れ〜戻れ〜」と願いながら。

宿のご飯。山のビューティーデトックスメニュー

川中温泉は「日本三美人の湯」の一つ

こんな人におすすめ!

- ☑ ぬる湯が好み
- ☑ 化粧水に全身を浸らせたい
- ☑ 静かな山の一軒宿に癒やされたい

【住　所】群馬県吾妻郡東吾妻町大字松谷2432
【電話番号】0279-67-3314
【行き方】とにかく「川原湯温泉駅」まで行けば、宿の方が車で迎えにきてくれる（予約時に要確認）
【料　金】1泊2食 12,000円〜

お部屋に飾られた小花。細やかな気遣いにホッとする

雨も曇りも、風情に保湿クリームを溶かしたような湯感

大沢山温泉　大沢館

新潟県

冒険度	★★★
ひなび度	★★★
清潔・キレイ度	★★★★★
リーズナブル度	★
クセ度	★★★

白く渇いた爪に、ハッとして30代。脱・マニキュア宣言

マニキュアをやめた。2週間に一度はサロンを予約し、赤、黄色、ゴールド、シルバー、水玉、パール、花柄など、あくせくとデザインを施していたのだが、それをスパッとやめたのだ。今はまったく何も飾らず、裸の爪を剥き出しのままデスクの上に置いている。

不意に、ペラッと剥がれたマニキュアの下の自爪が、不健康に白く乾いているのを見て、空しい気持ちになったのだ。

義務のようにサロンに通い、ストレスを溜め、爪を乾燥させているって……最高にダサくないか！ そう気づいた私は、とにかく自分が心地よい状態に感度を研ぎ澄ませるべく、費やしていたお金をすべて、お一人さま逃亡温泉に回すことに決めた。

越後湯沢からローカル線で2駅山の老舗温泉「大沢山温泉」

アクセスは抜群によいのに、秘湯の雰囲気にしっとり酔える。それが「大沢山温泉」だ。歴史は古く、寛永7年（1630年）に開業したと伝えられる。雑誌「自遊人」が運営する宿「里山十帖」が有名かもしれないが、私の目的はその脇に建つ、木造りの佇まいが美しい「大沢館」だ。湯沢町の役場をやめたご夫婦が営み続けている。

とくに夏休みは家族連れも多く、はしゃぐ声が方々から聞こえてきて、お一人さま向けとは言い難いが……それでもぜひ、浸かってみてほしい湯質がある。まるで保湿クリームを溶かし込んだような、とろみ感。手ですくうと分かる、もったり重みのあるなめらかさ。乾いた肌が、爪が、潤んだ湯のベールに包まれ保湿されていく感覚は、温泉に詳しくない人でも、家の湯船との違いが体感できるだろう。また、越後三山を借景とした半露天風呂は、目も頭も癒やされる。ぜひ一度は訪れてほしい宿なのだ。

露天風呂までの渡り廊下から見える景色は、しっとり風情がある

りんご、餅、アイス、食べ放題 粋な計らいに、食いしん坊万歳！

駅から山深い坂道を登っていく送迎車。覆うような濃い緑に少し驚く。先ほどまで、新幹線が行き交う駅にいたのに。しばらくすると、どっしり安定感のある木造りの宿「大沢館」が現れる。豪雪に負けない力強さと、懐深く守ってくれるような安らぎを併せ持った佇まいは、「結婚するならこういう人を選ぶといいよ」という感じ。伝わります？

さらに注目すべきは、宿のいたるところで食べ放題が楽しめるおもてなしだ。夏なら、ところてんにトマト、きゅうり、アイスキャンディー。冬なら、りんごにお餅、味噌田楽など。好きな分だけ、包丁で切り分けたり、囲炉裏で焼いて食べていい。これぞ田舎のビュッフェスタイル！　お茶も珈琲も、好きに淹《い》れて構わない。おばあちゃんちの冷蔵庫を漁っているみたいで楽しい。

宿の方も気さくで、適当に放っておいてくれる感じがありがたい。「お布団、先に敷いてあげるからね～」と気遣ってくれた。

一息ついたら、さあ、お楽しみの露天風呂へ。長い渡り廊下は、山景色が楽しめるように導線が設計されている。手前の男性用露天風呂が、チラリと見えるのはご愛嬌（笑）。奥の女性用の暖簾《のれん》をくぐる。その瞬間、広がる景色に、一瞬で虜になること間違いなしだ。

半露天で極上のおこもりタイム とろみ湯が、渇いた肌を包み込む

この構図、この風情、この開放感。山の中に突き出すように組まれた浴場は、前景が広い。木の柱を高く組んだ屋根のおかげで、雨でも雪でも、濡れることなく、心ゆくまで露天が楽しめる設計だ。スカッと晴れた青空も気持ちよさそうだが、うすぼんやりした曇り空の中、雨の直線や時折さし込む光の筋を眺めながら浸かるのもいい。

とくに感動したのは、お湯のとろみ具合だ。何度もすくっては、とろっとろな感触を確かめる。潤いのベールを全身がまとっているような浴感だ。

泉質はナトリウム－塩化物・炭酸水素塩

泉。注がれ続けるのは加温された源泉だが、実は浴槽自体はかけ流しではない。濾過《ろか》と聞き、当初は宿泊に二の足を踏んでいたのだが、この湯質を体感したことで、私の中にあった偏見が一変させられた。温泉を大切に想う湯守の腕さえあれば、濾過でも十分、肌は感動できるのだ。私は夕方を迎える越後三山の姿をうっとり眺めながら、心ゆくまで大沢山温泉を味わった。

夕食は、新潟の山海の幸をふんだんに使った、家庭的なおもてなしコース。刺身の盛り合わせ、山菜の煮物、焼き魚に海鮮鍋。魚沼産コシヒカリを炊いたご飯のおかわりが止まらない。さらに若旦那が、一人一人に、旬の八海山をふるまってくれる。

幸せ。これこそ心身健やかな状態ではないか。浴衣をだら～んとさせながら、私は八海山をもう一杯いただいた。ツヤツヤしていたと思う。肌も、爪も、精神も。後はもう、ふかふかの布団に倒れ込んで、眠るだけ。

内湯からの眺めもしっとり落ち着く

りんごや柿がぷかぷか浮いている。食べ放題！

宿ご飯の濃いめの味つけが、コシヒカリのおかわりを誘う。八海山をおともに

こんな人におすすめ！

- ☑ 雨や曇りの日もしっとりこもりたい
- ☑ 肌も爪も精神も渇いている人
- ☑ 食いしん坊

【住　所】新潟県南魚沼市大沢 1170
【電話番号】025-783-3773
【行き方】「大沢駅」まで行けば、宿の車のお迎えがある（予約時に要確認）
【料　金】1泊2食 19,000 円～（1 人の予約は土曜、休前日は不可）

オレンジの湯の華が舞う
美肌、便秘、金運まで!?

西山温泉　元湯　蓬莱館《ほうらい》

山梨県

お一人さま逃亡温泉には、すっぴんで行くことに決めました

お金をかけて化粧をする。そしてまた、お金をかけて化粧を落とす。この不毛なループが、自分ではない何かに操られているような不自由さを感じて、うんざりするときがある。「じゃあ化粧やめればいいじゃん」と旦那に言われるが、そういうわけにも……。化粧とは、煩わしくも社会に取り込まれて生きている証拠なのだろう。

ある女優さんのインタビュー記事に、感化されたことがある。1か月に一度、意識して、すっぴんで過ごす日を作っているという話だ。飾りを取っ払って過ごすことで、自分を見失わないように心掛けていると話していた。なるほど！　すっぴんとは、社会のしがらみから自分を解き放つ、良策かもしれない。

ぬる湯の聖地・山梨にひっそり
秘湯・西山温泉「元湯　蓬莱館」

道のりは遠い。東京駅から三島駅、富士駅、

冒険度　★★★★★
ひなび度　★★★★★
清潔・キレイ度　★★★
リーズナブル度　★★★
クセ度　★★★★★

身延駅。さらに地元の乗合バスに乗って、早川沿いの渓谷道を進む。心地よい揺れにうたた寝……ハッと起きても、まだ着かない。湯治宿「源泉館」を越えてなお山間を進み、スマホの電波が悪くなったところでバス停に到着。急坂を登ったところが「元湯 蓬莱館」だ。朝早く出たにも関わらず、空はすでに夕方の雰囲気である。

　受付でご主人の案内を聞き、部屋へ。窓のそばには洋椅子が二つ。奥には控えめな畳部屋。長距離移動の終着地にホッとする。

　訪れたのは11月で、コロナ感染防止対策として、温泉は貸切制をとっていた。これはうれしい誤算だ。実は「蓬莱館」は混浴のみ。湯浴み着もないので、なかなかハードルが高いと思っていたのだ。

「ご相談いただければ、普段から女性時間を作ったり、貸切も相談に乗りますよ～」

　ご主人からラフな口調で返ってきた。厳粛な湯守像を想像していただけに、一気に親近感が湧いた。

外観はひなびた、というより、寂れた、という感じ。明治6年に今の場所に移築したそう

オレンジの湯の華が舞う珍湯　ぬるり、しっとり、神秘に浸かる

大浴場は、表玄関になっているコンクリート建造物の裏側、明治時代に建てられた木造宿の中にある。脱衣所は男女分かれているが、ガラスの引き戸を開けると同じ浴室につながっている。広々とした浴室の中央には、源泉、加温、ブレンド、三つに分けられた木造の湯船。真ん中の岩からトプトプと源泉が注がれ続け、湯面に波紋を描いている。静寂。ガラス窓に映る山景色も穏やかだ。

床も湯船もぬるぬる、温泉成分の仕業だ。源泉は36度から41度。加温なしの源泉湯船に体を沈めると、湯の華がぶわり、ものすごい勢いで舞い上がった。うーん残念！　今日は灰色だ。実は「蓬莱館」の湯は年に数回、オレンジの湯の華が舞う珍湯なのだ。いつ来れば当たるか、宿のご主人も分からない。運よく当たった人は宝くじを買いに行くそうだ。

加温された湯に比べると、源泉の方が圧倒的に肌当たりがやわらかい。ほんの少しの加温なのに、こんなに違うものなのか。目に見えて湯の華も少なく、透明感もうすい。

この繊細さこそ、秘湯に足を運ぶ理由だと思う。どんなに美人でもお金持ちでも、赴かなければ味わえない湯質がここにある。私は一人贅沢に、優越感に浸り続けた。

便秘薬にも、化粧水にもなる　翌朝のすっぴんにも自信が持てる!?

部屋で味わう夕食も絶品だった。鴨ハム、くるみの和え物、山菜の天ぷら、きのこ鍋にふっくらご飯。お腹がいっぱいになったころ、ご主人が布団を敷きに来てくれた。そこで唐突に質問を受ける。

「便秘ですか？」

「え？　あー、たまに気になります」

「ここの湯を飲めば効きますよ。次の日スルンって！　お腹も痛くならないみたいで、すごくいいって皆さん言いますよ」

なるほど。そんな効果があるのか。

「顔にたっぷりつけました？」

「それはもう何度も。今日は化粧水、使っていません」

「やっぱり。女性のお客さんの中には、持って帰る人もいますよ」

便秘薬にもなり、化粧水にもなる西山温泉。よい湯はさまざまな効果を発揮してくれる。源泉と加温した湯の違いも伺ったが、成分的にはまったく変わらないそうだ。加温方法も直焚きではなく、熱したパイプにくぐらせているため、成分が壊れるものではないという。だけど明らかに浴感は違っていた。「温泉って不思議ですよね～」。ご主人の口調はどこまでもラフだった。

翌日はさらに奥の秘湯、奈良田温泉まで歩くことにした。「熊、出ますかね？」と尋ねると、「熊も出ないほど山奥ですよ」と返ってきた。御礼を伝え、宿を出る。風は冷たかったが、天気がよく解放的だった。まつげも上げず、チークもせず、負担のないすっぴん肌はちゃんと呼吸ができて、生きているって感じがする。でもまた東京に戻ったら、化粧は濃くなるんだろうな。まるで武装するみたいにさ。

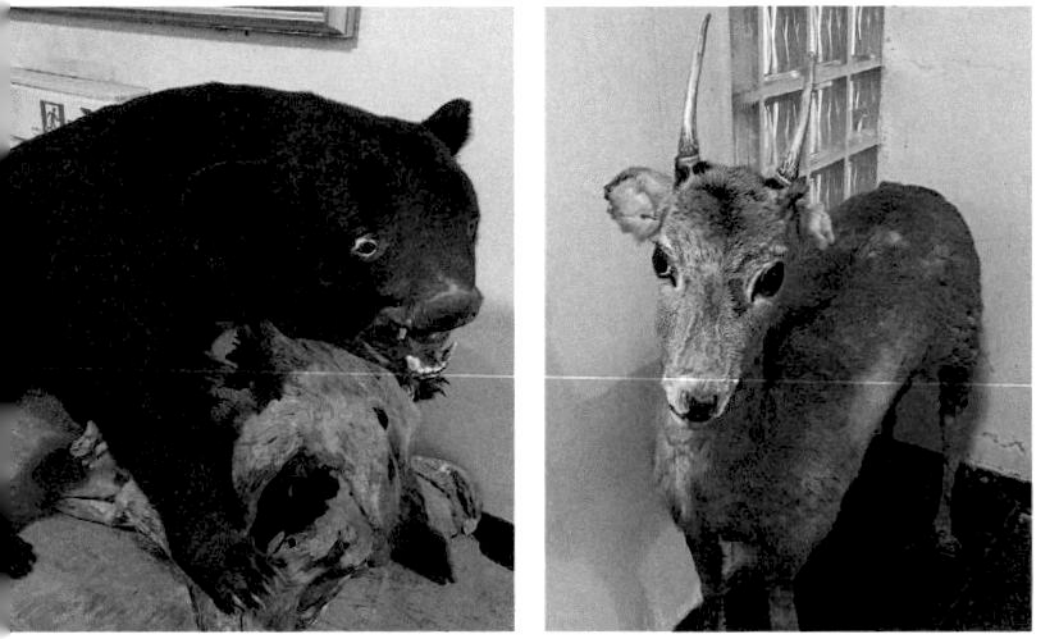

脱衣所に向かうまでの廊下で、熊と鹿の剥製に出会う。目が怖ええ

洋間と畳部屋の二つがある、贅沢な作りの部屋

湯口で飲泉もできる。お味はもちろん、まずい（苦笑）

こんな人におすすめ！

☑ 山奥の極上ぬる湯に浸かりたい
☑ 美肌、便秘に効果がほしい
☑ せっかくなら金運も上げたい

【住　所】山梨県南巨摩郡早川町湯島 73
【電話番号】0556-48-2211
【行き方】「身延駅」から奈良田温泉行き乗合バスで 90 分、「西山温泉」下車、すぐそこ
【料　金】1泊2食 10,000 ～ 17,000 円

旅したくなる！背中をそっと押す「旅本」

読んだら旅に出たくなる。旅行鞄に入れたくなる。
私の背中をそっと押してくれた「旅本」をご紹介します。

『日本奥地紀行』イザベラ・バード

明治は文明開化のころ。イギリスの女性探検家バード氏が、東京から、日光、会津、新潟、秋田、青森、そしてアイヌの暮らす北海道までを、3か月かけて歩いた紀行文。未踏と言われた日本奥地の様子が丁寧に描写されている。しかもこの大冒険を、彼女は47歳のときになしていた！何歳になっても好奇心は失いたくない。

『旅の詩集　人生という長旅の時刻表』寺山修司編

古今東西、旅にまつわる詩を集めた一冊。「旅とは何か」への問いに、奇才・寺山修司が答えていく。①一人旅がわびしかったら　②ときどき故郷を思い出したかったら　③旅に出たいのに出られなかったら　④帰るところがなかったら　⑤もう一度人生をやり直したかったら。一つでも当てはまったら、ぜひ！

『貧困旅行記』つげ義春

上昇志向に疲れた人ほど、つげ義春を読むべきだ。こんなにも素直に、現世の煩わしさや、ついていけない自身の姿を、蒸発願望だだ漏れに吐露した旅本は、他にないのではなかろうか。世間のはじっこに佇む哀愁や寂寥《せきりょう》感への共感がにじみ出ている。つげ式、真似したくなる。

『楽しいムーミン一家』トーベ・ヤンソン

永遠の旅人・スナフキン。お一人さま旅人のあるべき姿だと思う。ものを持たず、人間関係に固執せず、口ずさめる歌と季節の美しさ、そして孤独と自由を愛しながら、気持ちの赴くままに旅をする。「大切なのは、自分のしたいことを自分で知ってるってことだよ」

『ヘンな名湯』岩本薫

私の温泉師匠・岩本薫氏が紹介する、日本全国各地の珍妙な温泉の数々。なんでピラミッド？　なんで電気屋？　はてなマークのそばには、必ずいい湯が湧いていた！　めくるめく不思議ワールドをのぞいたら、必ず自分の目で、肌で、体験したくなる。

溜め込んだ本を抱えて、週末世捨て人

文豪気分で引きこもり読書温泉

世捨て人に憧れている。
どこまでいっても憧れだ。自分には、
その才能も勇気もないことは分かっている。
俳人種田山頭火のように、
寂寥感を口の端からこぼれ落とすように
旅を続ける才能なんてないし、
漫画家つげ義春のように、
シュールレアリズムを生み出す繊細さも、

本当に蒸発しちゃう勇気もない。
現代社会に組み込まれないと生きていけない、
どこまでもヘイボンな凡人なのだ、私は。
「自分にも特別な才能があるんじゃないか」
なんて、もう思わなくなっちゃったな（笑）。
今はただ、
憧れがいっぱい詰まった本を持って、
のんびり温泉宿にこもるだけ。

―私がハマった読書温泉

♨ 田沢温泉「ますや旅館」（長野県）
♨ 霧積温泉「金湯館」（群馬県）
♨ 七沢温泉「福元館」（神奈川県）

浴室に本を持ち込んで2時間 あぁ週末世捨て人

田沢温泉 ますや旅館

長野県

**山奥の温泉町に移住して
本当にできるか？ 田舎暮らし**

山間にひっそり、民家もまばら。田畑に囲まれた温泉宿までの道を歩きながら、ふと考えることがある。「ここに住め」と言われたら、はたして私は住めるだろうか。

田舎に移住する人が増えている。生活費の安さ、緩やかな時間の流れ方、憧れる気持ちはよく分かる。私自身も今は東京に住んでいるが、育ちは栃木。出稼ぎのような感覚で都会に住んでいる。引っ越したばかりのころは、交差点で人とぶつかる度に足を止めていたし、新宿の駅前では手相を見せてくれと声をかけられ、宗教の勧誘にもよくあった。田舎者特有の隙が、ダダ漏れていたのだと思う。そんな私も30代になり、東京暮らしが長くなった。交差点では誰よりもぐいぐい進むし、勧誘してくる人も、もういない。強くなったと思う。いいか悪いかは別にして。

それでもやっぱり山を見ると、幼少のころを思い出すようでホッとする。青木村に湧く田沢温泉には、とくに安らぎを覚える。

ひなびた山間で、週末世捨て人
木造3階建ての高楼宿「ますや旅館」

上田駅からバスで約30分。街中から山奥へと向かい、終点の青木バスターミナルで下車。そこからはいつも歩くことにしている。澄み切った空気の中、なだらかな坂を気分よく進む。水がキラキラ弾ける用水路、重い実にしなる柿の木。道が狭まると情緒ある石畳に変わる。田沢温泉に到着だ。

開湯は飛鳥時代とも言われ、浸かると母乳の出がよくなるという。共同湯の名前は「有乳湯」。その隣に建つのが今日の宿「ますや旅館」である。木造3階建ての高楼建築で、登録有形文化財に指定されている。

「こんにちは〜」と声を上げて戸を開けると、女将さんと宿主が出てこられた。「あらまあ、歩いてきたの?」と驚かれる。ここの宿は接客もいい。せかせかせず、孫の面倒をみるようなゆったり感。作家・島崎藤村も投宿したと言われるが、「ますや旅館」に決めた理由は、湯質だけではなかったと思う。

建物の中も期待を裏切らない。つるつると

内湯では読書を楽しみ、露天風呂では、日が
落ちていく空をぼんやり見上げるのが好き

年季の入った木造の階段。厚めの窓ガラスが外の景色をゆがませ、現代家屋にはない情緒を演出する。

「今日、空いていたから」

2階の角部屋に通してくれた。しっとり落ち着く。「ますや旅館」は、大勢の宿泊を取らないのか、基本的にいつも静かである。

読書に最適なぬる湯「田沢温泉」文庫本がよれるほど、ぬくぬく長湯

長い廊下を歩いた突き当たりに浴室はある。鏡、洗面台、ドライヤー、必要最低限のものは備わっており、暖房も効いて暖かい。

扉を開けると、浴室にこもった温泉蒸気で、体が一気にほぐされる。よくあるタイル作りの内湯だが、特筆すべきはなんといっても湯質だ。源泉は38～40度。長湯向きのぬる湯で、真綿に包まれるような、ふわふわな浴感。浮世離れした極楽天国へと誘われる。無色透明な単純硫黄泉から漂う、ほのかな卵の香りもたまらない。

湯温を聞くと、冬場は寒そうに感じるかもしれないが、その実、大変によく温まる。私は露天風呂に全身をぷかぷか浮かべながら、空でうっすら輝く白い月を眺めて、癒やされる。そして何より、内湯では読書が進む。前述した通り他客が多くないため、だいたい独泉状態だ。心ゆくまで浸かり、文庫本をめくる、めくる、めくる……。1冊読み切ってしまうほど、浸かり続けてしまうことも。

田舎宿と侮《あなど》るなかれ！レベルの高い山の幸会席に舌鼓

「ますや旅館」は、夕飯もレベルが高い。「素朴な田舎ご飯かな～」なんて思っていると面食らう。部屋に届けられる、鯉のあらい、信州サーモン、かぼちゃ餡の茶碗蒸し、地物の天ぷら、茶碗蒸しは、まるで宝石のように彩り美しい。味つけもしっかりしていて、量も上品、ぜんぶおいしく食べられる。デザートもあり、珈琲まで頼めるなんて、完璧だ。食後はまた読書して、温泉に浸かって、読書して……気づいたら眠ってしまっていた。

「ますや旅館」に泊まった際、必ず立ち寄る

キャンプ場がある。管理人のご夫婦が湧き水で淹れてくれる珈琲が本当においしくて、今のところ「人生でイチバン」だと思っている。そのためだけに、木々が鬱蒼《うっそう》と茂る山道を1時間半かけて歩いていくのだが、あるとき、「このキャンプ場、買わない？」と誘われたときは驚いた。「あなた、この村に向いていると思う」と。高齢のため、引退を考えているとのことだった。

心惹かれるものがないわけではないが……。お金を出せば誰かが解決してくれる、都会に甘やかされた我が心身。「このロッヂもトイレも、自分で作ったんだよ」と説明してくれるご主人の後ろを歩きながら、自分の頭と腕一本での解決が求められる生活を想像し、私は無力感を募らせていた。

冬の部屋にはこたつ！　雪の夜でもぬくぬく

夜はほんの少しだけ怖い、浴室までの廊下

人生イチ！　キャンプ場のご夫婦が
青木村の湧き水で淹れてくれる珈琲

こんな人におすすめ！

☑ 読みたい本が溜まっている
☑ ぬる湯に浸かって読書したい
☑ 運動不足解消に山道を歩きたい

【住　所】長野県小県郡青木村田沢温泉 2686
【電話番号】0268-49-2001
【行き方】「上田駅」から青木方面行き村営バスで 30 分、「青木バスターミナル」下車。気分よく 30 分ほど歩けば到着
【料　金】1泊2食 12,000 円〜

詩、小説、明治憲法まで クリエイティブを生み出す湯

霧積《きりづみ》温泉　金湯《きんとう》館

群馬県

冒険度	★★★★★
ひなび度	★★★★★
清潔・キレイ度	★★★
リーズナブル度	★★★★
クセ度	★★★★

高校生のとき、草むしりの時間先生から不意の質問、その意図は？

やる気なく校庭の草むしりをしていたら、横で同じようにフラフラと草をむしっていた先生が、不意に私に質問してきた。

「加藤は、何のために読書するの？」

なんだその試すような質問は。唐突な内容に眉をひそめる。聞かれたことも不明瞭だが、そもそも読書に対してそんなに深く考えたことがない。私は平易な答えしか出せなかった。

「え、楽しいから」

だが先生はその答えに満足したようで、

「だよな、楽しいからだよな！」

まるで子どもがオモチャをもらったときのような笑顔で、その場を去っていった。

当時はまったく意味が分からず、「いいから草むしれ」と思っていたが、先生の年齢に近づきつつある今、なんとなく分かる気がする。大人になると、何を読み、何を得るか、目的ばかり求めてしまう。失敗を避けるためにレビューを漁ったり。まさに冒険心の欠落。ああ、ダメだ。つまらん大人になっていく。だから私は、お一人さま逃亡温泉のときは、本当に「読みたい本」しか持っていかない。

山深く、濃い緑、澄み渡る秘境宿赤いトタン屋根が目印「金湯館」

小説、紀行文、詩集。リュックに3冊入れて向かった先は、霧積温泉「金湯館」。秋晴れの9月、最寄りの横川駅は、山が迫って見えるほど緑が活き活きとしていた。

駅前には、峠の釜めしで有名なおぎのや本店があり、釜めしに味噌汁、漬物、あんころ餅までついて1300円。秘伝の出汁の染みた茶めしには、しいたけ、筍、鶏肉など、九つもの具材がのっていて、甘酸っぱい杏子との相性も抜群だ。

食べ終えるころに、宿の送迎車が到着。「金湯館」は上信越高原国立公園内にあり、自家用車では入れない。明治のころは何十軒も宿が並ぶ避暑地だったが、山津波に流されて、今残るのは「金湯館」だけという。

山奥に進むにつれ、空気もひんやり温度を

ノスタルジックな赤い橋に手招きされる

男湯の方が広くて、窓があって、開放感がある。昔ながらの宿は……致し方あるまい

下げる。通行止めのバーを上げて先へ進むと、格段に道幅が狭くなる。慣れた住人の方じゃないと崖から落ちてしまいそう。

車を降り、ぬかるんだ階段を降りると、鮮やかな赤い橋と水車が現れた。右から書かれた横書き看板と木造の屋敷。赤いトタン屋根を覆う緑とのコントラストは、写真で見る以上に美しかった。川から水を引いた用水路に手を入れると、氷のように冷たい。ここは魚も住まないほど上流だそうだ。

西條八十《やそ》、森村誠一、明治憲法 近代日本の創作現場になった湯宿

入り口付近には、「母さん、僕のあの帽子、どうしたでせうね？」で始まる、霧積温泉の地を題材にした西條八十の詩作「帽子」を記した看板がある。またこの詩に感銘を受けた作家・森村誠一は、「金湯館」を舞台にした小説「人間の証明」を書いたという。受付では文庫本が売られている。

さらに、宿の婿さんに中を案内してもらうと、襖の部屋の前で足が止まった。

「ここが、明治憲法を草案した部屋です」

ええっ、こんな狭い部屋で⁉ 有識者たちが頭を突き合わせながら、臣民の権利について思考していたのかと想像すると……ゾワゾワ震えた。「金湯館」は日本の文芸、そして憲法まで、創作の現場を支えてきた湯宿なのだ。

新鮮！ 肌を覆う気泡びっしり 極上のぬる湯でポカポカ温まる

湯も極上と評判が高い。脱衣所で服を脱ぎ、扉を開けるとうす暗い浴室がお目見えだ。いたってふつうのタイル内湯に、盛り上がるように湯が張られている。温泉卵のような匂いが、鼻をくすぐる。

オッと危ない！ つるんと足が滑り、転倒するところだった。湯に足先をつけると、ぬるんとした浴感。全身を浸すと、体温よりほんのり温かいぬる湯に、肌も意識もやわらぎ、骨抜きになる。シュワシュワシュワ～肌全面をびっしり気泡が覆い、湯の鮮度が目に見える。手で肌をさすっては気泡をリリースし、またすぐ肌につく気泡を見て、湯の力を

確かめる。とくに切り傷や火傷に効能を発揮するそうだ。

　40度のカルシウム－硫酸塩泉は、加温、加水、一切なしの24時間かけ流し。気泡パワーだろうか、割とすぐに全身ポカポカ温まり、思っていたより長湯できなかった。

　湯から上がると、澄み切った山の空気に頬を打たれる。コスモスが飾られた小屋の洗面台では、止める蛇口もないまま、岩清水がザバザバ！　喉を潤し、火照った体をキンと冷やす。はあ……生きているってきっと、こういうことだ。

　電波の届かない部屋では、思う存分、読書に没頭できた。夕食後、また湯に浸かり、本を読み、読みながら、眠くなる……。

　拝啓、高校のときの先生へ。今、ちゃんと純粋に、読書を楽しめていますか。大人になるって、気をつけなければならないことが多いですね、先生。

ひねるところがない蛇口から、岩清水がかけ流されている

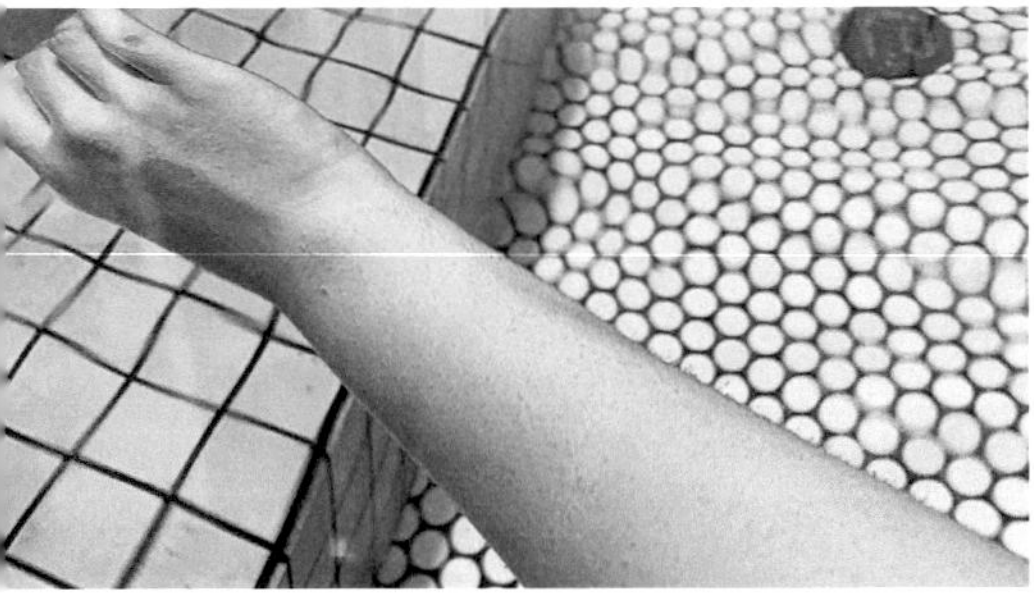

腕についた小さな気泡たち！　産毛じゃないよ！

読書温泉のときは、毛色の違う本を３冊持っていく。そのときの気分に、ピタッと合わせられるように

こんな人におすすめ！

☑ 歴史ある創作現場に触れたい
☑ 鮮度抜群のぬる湯に浸かりたい
☑ 電波の届かない宿で読書に耽りたい

【住　所】群馬県安中市松井田町坂本 1928
【電話番号】027-395-3851
【行き方】「高崎駅」からＪR信越本線に乗り換えて「横川駅」で下車。宿の送迎車で山奥へ
【料　金】1泊2食 12,000 円～

おぎのや本店の「峠の釜めし」

ぬるりん湯に隠された、小林多喜二をかくまった歴史

七沢温泉　福元館

神奈川県

冒険度	★★★
ひなび度	★★★★★
清潔・キレイ度	★★★
リーズナブル度	★★
クセ度	★★★★

小林多喜二をかくまった離れ。目の前の道を特高警察が通ると、裏山に隠れたという。現在は資料館に

お一人さまの受け付けを止めた⁉ 衝撃的なご主人の一言から一転

久しぶりに浸かりたいなあ、あのぬるりんとろりん湯に。山にこもって、読書しながら畳にゴロン。

私は、七沢温泉「福元館」に電話をかけた。するとなんと、今お一人さまの受け付けを止めていると言うではないか！ 理由を尋ねると、口コミ評価がよくない客層にお一人さまが多いとのこと。

「本当は、お一人さまにも喜んでもらえる宿にしたかったんですけどねえ……」

ご主人の残念そうな声。これは切ない、地団駄を踏みたくなる、いや踏んじゃう！ 確かに「福元館」は、江戸末期から続く老舗宿。建物は古いし、丹沢大山国定公園の麓にあるため、電気が消えた夜は寒いし、ちょっと怖い。でもそれ以上に、名湯百選にも選ばれるアルカリ泉質は感動的だし、電波が届きにくい環境も、読書にはむしろ快適。冬にいただく猪鍋は甘くて絶品なんだから！

「うう、お湯が本当に好きだったんです〜」

切なる思いをご主人に伝えると、その場で、お一人さまでも泊まれるプランを復活させるとお返事をくださった。やった！ やっぱり宿の予約は電話がいい。

ラーメンの名店AFURIの姉妹店 ZUND-BARで、まずは腹ごしらえ

2月初頭。七沢温泉「福元館」に向かった。都内から長距離移動せずに、山の清い空気が味わえ、温泉を楽しむことができる。本厚木駅から七沢行きのバスで30分ほど。七沢病院入口で下車すれば歩いて着く。冬枯れの山々、咲き誇る梅の花、青い空はワントーン澄んでいる。

昼食は、ラーメンの名店AFURIの姉妹店であるZUND-BARのかけラーメンを食べた。クリアなスープが、麺や醤油の深みを引き立てる一品だ。また、ラーメンの後に食べ

厳かな光が美しい、聖なる大浴場

ることを設計されたソフトクリームも絶品！自然なミルクの甘さが口に広がる。

ソフトクリームを食べながら歩けば、10分ほどで「福元館」に着く。創業160年、丹沢山を背負うように建つ、ノスタルジックな温かみのある宿だ。そしてもう一つ、私が「福元館」に思い入れする理由。それは、「蟹工船」などを執筆したプロレタリア文学作家・小林多喜二を、特高警察からかくまった歴史を持つことだ。

2000年まで口外しなかった小林多喜二の執筆を守り続けた湯宿

昭和の時代、軍国化を進める権力への反発を募らせていた小林多喜二は、その残虐性を、労働者の視点で文学にし、暴露した。発禁本になってもなお、信念を曲げなかった彼は、治安維持法違反容疑で逮捕。拷問の末、29歳の若さで亡くなった。「福元館」の3代目館主と女将は、そんな小林多喜二を、特高警察からかくまい続けた人物なのだ。亡くなる2年前まで滞在し「オルグ」を執筆。その離れは今も残っている。

かくまっていることがバレたら、自分たちも捕まるかもしれない。それでも通報しなかった。温かい湯に浸からせて、彼の執筆活動を守り続けたことを想像すると、人間の持つ信念や心強さに触れる思いがする。離れを拝観させてもらうといつも、お天道さまの暖かな日差しを受ける部屋に、背筋がキッと釣り上げられるような緊張を感じる。

強アルカリ温泉で全身ぬるとろ～名湯百選、pH10を誇る大浴室

さて、小林多喜二も浸かった七沢温泉とはどんな湯か。私は「福元館」の大浴室が大好きで、「温泉って、こんなに強くぬるりんとろりんするんだ」と、初めて湯質のおもしろさを教わった。源泉は冷鉱泉の強アルカリ性で、pH10という最強数値。どれだけメタケイ酸、メタホウ酸を含んでいるんだろう！pH10を超えた数値は今まで見たことがない。湯に沈めた手や腕、脚を持ち上げると、湯面までもったりと持ち上がるような感覚だ

（かたくり粉でも混ぜたんか？）。髪の毛も、浴室内を覆う湯気で、しっとり毛先まで潤っている。

開かれた窓の外には、暖かくなれば桜を咲かせる木の枝と、うすぼんやりした淡い光。誰もいない。秘湯の静けさに神経が落ち着いていく。たまにピタンと、天井から湯の雫が落ちる音が聞こえるだけ。いつまでも入っていたい、聖なる大浴室である。

夜、なぜか暖房を切って寝てしまい、あまりの寒さに震えながら起きた。こっそり階段を降りて浴室に向かい、内湯で温まる。はぁ〜命が戻ってくる。24時間入浴のありがたさよ。

獣も眠る深夜。忍ぶように湯に浸かっていると、昼間に読んだ多喜二の作品と、自分の働き方に思いが広がる。

文句を言いながらも、自分で選んだ仕事につき、権利が守られた中で主張もし、嫌なら辞めることもできる自由よ、幸福よ。今の時代に、好きな仕事ができないなんて、嘘だよな。なんて、どっぷり多喜二と七沢温泉に浸かっていた。

実際に多喜二が使っていた椅子と机。処分しようとした女将さんを「多喜二の会」の方が止めたらしい（苦笑）

多喜二の関連本も購入

宿ご飯の猪鍋を、猪絵柄の器で食す

こんな人におすすめ！

☑ 強アルカリ泉で美肌になりたい
☑ 小林多喜二の歴史に触れたい
☑ 働く意味を見直したい

【住　所】神奈川県厚木市七沢 2758
【電話番号】046-248-0335
【行き方】「本厚木駅」から七沢行きバスで30分、「七沢病院入口」下車。気分よく15分ほど歩けば到着
【料　金】1泊2食 16,000円〜（お得なビジネスプランがある場合も。電話で確認を）

広〜い畳に、疲れた全身を放り投げて

朝から夕方までダラダラ

広間温泉

湯に浸かって、食べて、ゴロ寝して。
また湯に浸かって、食べて、ゴロ寝して。
人間をとことん甘やかす、幸せループ。
宿代を払って泊まらなくても、
大型入浴施設じゃなくても、できる。

それが、畳の広間とセットになった日帰り温泉だ。
漫画を大量に持ち込んで読み耽ったり、

スマホで映画を見ながら、一日中ダラダラしたり。
ときにアル中のおばさまに絡まれ、
説教されることもあるけれど、それも一興。
もはや、ふとした人間ドラマとの出会いこそ、
良質な温泉の証しかも……と思う、今日このごろです。

―私がハマった広間温泉
♨竹倉温泉「みなくち荘」（静岡県）
♨北白川不動温泉（京都府）
♨小糸川温泉（千葉県）

鉄分たっぷり！
遠赤ヒーターの如く芯から温まる

「そうだ、温泉に行こう」
思いつきで行ける距離感がいい

彼岸花の揺れる秋の口。日ごろの鬱憤を浄化させようと、お気に入りの日帰り温泉スポット、竹倉温泉「みなくち荘」に赴いた。東京在住、ペーパードライバーの私にとって、朝起きた瞬間に「温泉に行きたい」と思ってその日に間に合う、アクセスしやすさが重宝する温泉だ。

三島駅からはローカル線に乗り換え、たった2駅。最寄りの三島二日町駅からは30分ほど歩くが、ちょうどよい運動になる。大通り沿いからだんだん道が細くなり、田園風景に入っていく様子に旅情をそそられる。

竹倉温泉は、昭和10年に開湯。湯治場として親しまれてきたが、宿泊をやめる宿も増え、今はひっそり、日帰り客だけを受け入れている。

田園時間が流れる広い畳部屋
ああ、最高のゴロ寝スポット

受付で1200円支払って中へ。「え、日

冒険度 ★★
ひなび度
清潔・キレイ度
リーズナブル度 ★★★
クセ度

帰り温泉なのに、高くない？」と思われた方、まあ落ち着いて。実は「みなくち荘」には、湯上がり前後に一日中くつろげる休憩部屋があるのだ。ああ、この広々とした畳部屋。最高のゴロ寝スポットではないか！　窓の外は、のどかな時間が流れる田園。小川の脇に咲くオレンジ色の花。日溜まりにささやくそよ風が心地いい。「ちょっとごめんね～」と言いながら、常連のおばあちゃんが縁側にタオルを干し始める姿も、なんかいい。

私はリュックから大量の漫画を取り出し（海賊たちが仲間を集めて、ひとつなぎの宝物を求める話）、ゴロンと横になって読み始める。そんな堕落的な私に、声をかけてくる人がいた。

「ねえねえ、あなたさ、女優の誰かに似てるって言われない？」

「あんた若いんだから、こんなところ来てないで人生変えてみなよ！」

振り返ると、缶チューハイを手にした大柄な女性が立っていた。ベッコウ眼鏡にハンド

メイドの毛糸帽。目が明らかに酔っている。

「ほらー誰だっけーほらほらーいるじゃーん」

　ぐいぐい食い下がってくる女性。ヤバい、面倒くさい。目を伏せ、ごまかし続けていたら、察したのか、話題を変えてきた。

「お酒飲まないの？」

「あ、はい、お酒飲めないんです」

「一人で来たの？」

「あ、はい、一人温泉が好きなんです」

「私もさー旦那と子どもがいてさーでもさー」

　今度は身の上話が始まった。ああ……。

　一度、「温泉、入らないんですか？」と促してみたものの、「私、温泉嫌いなのよ」と返ってくる始末。（なんでここに来たんじゃい！）。とりあえず相槌を打ち続けていたら、突然、女性は立ち上がり、ふらりとどこかに消えてしまった。あれ？　どーしたんだろう？　まあいいや。ようやく安寧が戻ってきた。ゴロ寝を整え直し、再び漫画に没頭し始める。すると……カンッ！　小気味よい音が耳に響いた。さっきの女性が、私のテーブルに缶コーヒーを置き、そして強く言い放つ。

「あんたさ、まだ若いんだから、こんなところ来てないで、人生変えてみなよ！」

　ええっ……もうこれは、漫画だったら白目剥いて、背景にフラッシュ効果入れて、がはん！って叫ぶシーン。癒やしの温泉地でアル中の人から、まさか説教されるなんて……。

　一方、女性は満足したのか、晴れ晴れとした表情で、「がんばんな」と捨てゼリフを吐いた。私は、「ありがとうございます……」と頭を下げるしかなく、複雑な気持ちを抱えたまま、浴室へと向かった。

赤湯パワーが床にも浴槽にも
肩こり、冷え性に、ジワジワ効く

　モヤっとした気持ちを解消すべく、温泉へ。驚いた。レトロなタイルで飾られた浴室全体が、真っ赤に染まっている。竹倉温泉の特徴は「赤湯」と呼ばれるほど、鉄分を多く含んだ冷鉱泉。そのパワーが、床で、壁で、カランで、浴槽で、大声で主張している。

　赤湯に足を入れ、体を沈めていく。15度ほどの源泉を加温しており、熱海温泉のようなガツンとくるパワフルさはないが、ジワジワ芯から温められていく、遠赤外線ヒーターのような心地よさがある。湯底には茶褐色の湯の華が大量に溜まっていて、手をつくとべったり染められた。

窓の外からは風が吹き込み、半露天の風情。火照った顔に当たると清々しい。私は浴槽に肩を沈めながら、女性に言われたセリフを反芻《はんすう》する。

人生変えてみなよ、って、なんだろうな……。何かを大きく変えたいわけではないけれど、今のままでもいいのかと思うと、考えないわけでもないなあ……。

つい長湯してしまい、フラフラしながら浴室を出た。足先、手先までポカポカして、血液の循環がよくなっているのが分かる。

テーブルには、女性がくれた缶コーヒー。ブラック派の私が絶対に買わない、砂糖たっぷりのミルクコーヒーは、とにかく激甘で。それは、ゴチャゴチャと考えがちな面倒くさい私を、とろかすような甘ったるさだった。

温泉前の腹ごしらえは、三島二日町駅からの道中にある手打ちそば「砂場」で

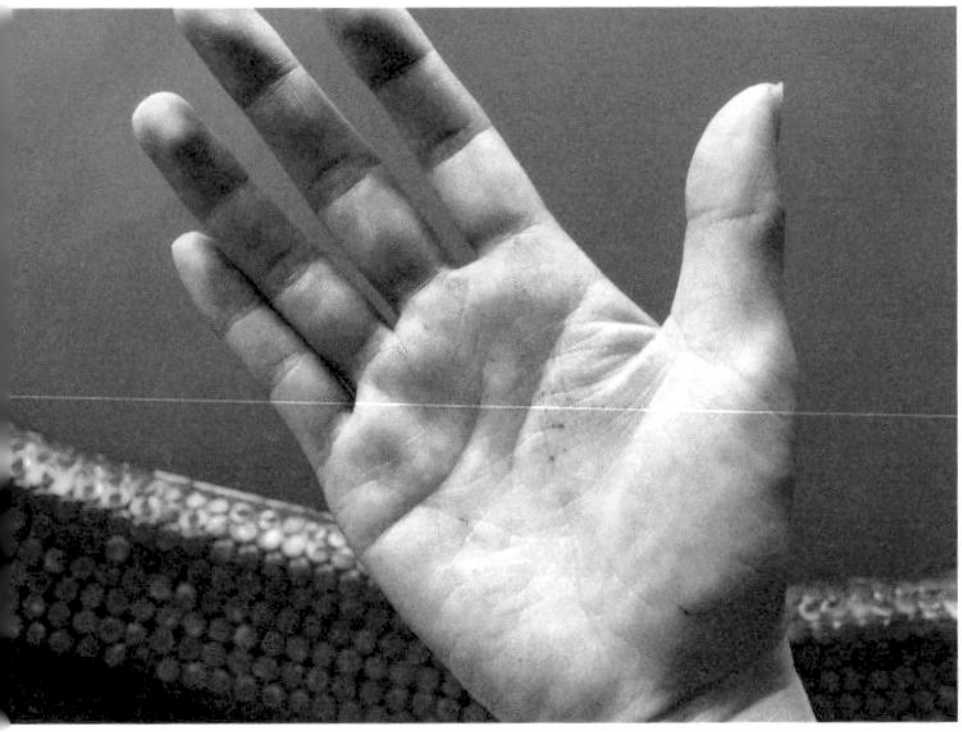

ちょっと湯底に触れただけで、手にべったり赤い湯の華がつく

こんな人におすすめ！

☑ 今日、温泉に入りたい
☑ 冷え性、肩こり、体がカチコチ
☑ 他客とのコミュニケーションも悪くない

【住　所】静岡県三島市竹倉 21
【電話番号】055-975-3791
【行き方】「三島二日町駅」から、30 分ほど散歩すれば着く
【料　金】休憩入浴 1,200 円／入浴のみ（1 時間以内）600 円

休憩スペース、国宝級！京都のはずれで、しっぽり温泉

北白川不動温泉

京都府

冒険度	★★★
ひなび度	★★★★★
清潔・キレイ度	★★★
リーズナブル度	★★★
クセ度	★★★★

建物内も、いい感じにひなびている。
おばあちゃんの家みたいで落ち着く

団体行動が嫌いになった 中学3年生の思い出

修学旅行の班決め。担任だった教師は、「クラスが仲良くなるために、仲良くない人同士で班を作ろう」と言い出した。生徒たちからはブーイングの嵐だったが、強行された。

まず班長を決め、班長がくじを引き、メンバーを決めるという段取り。私は班長の一人に選ばれたため、くじを引く部屋に向かった。しかしそこで、衝撃の事実を知ることになる。くじで決める、というのは表向きの話で、実際は、集められた班長生徒たちに議論させ、仲良くないもの同士をこっそり組ませる、というものだった！

中にはイキイキと「誰さんと誰さんは話しません」と告げ口をする班長や、「私のグループは誰と誰で仲を深めます」と宣言し、都合のよいようにメンバーを選定する班長もいる。私はそのくだらなさがイヤで、終始黙っていた結果、クラスで一番しゃべらない地味な子と、クラスで一番問題児のヤンキーと組むことになった。余りもの、というやつだ。さすがに察した教師が「加藤、大丈夫か？」と聞いてきた。なんだコイツ、と思った。

修学旅行での教訓を お一人さま逃亡温泉の旅に活かす

修学旅行先は京都。案の定、ヤンキーは「新京極に行く」と単独行動をとり、地味女子は「私、あの人、無理！」と泣き出した。面倒くせえ……と思ったが、私は2人を責める気にはなれなかった。だって旅は、やっぱり行きたいところに行きたいし、我慢して苦手な人と一緒にいたくないよ。そんな風に思ったことを覚えている。

そして大人になった今。私は、自由気ままに京都へと、逃亡温泉の旅に出た。比叡山の麓にある、関西一を誇るラジウム温泉「北白川不動温泉」。免疫力向上、細胞の活性化に効果をうたう泉質で、30代オンナの体質改善にはもってこいである。

狐……？　女将に招かれるまま中へ霊験あらたか「北白川不動温泉」

　京都駅から比叡山行きのバスに乗る。鴨川沿いを抜け、山を上ると、うす暗い針葉樹林のしっとりした空気に変わる。地蔵谷のバス停で下車。昭和な建物にドンと掲げられた、「関西第一位天然ラジユム温泉湧出元 地蔵谷不動温泉」の看板が、ひなびた雰囲気を醸している。深い緑に映える朱色の橋も美しい。ここは不動院の境内工事の際に発見された、ご不動さまに由縁のあるパワースポット温泉なのだ。

　古めかしい玄関前で、恐る恐る様子を伺っていると、「日帰り温泉？　はいどうぞ～！」と、チャキチャキな女将さんが出迎えてくださった。顔を見た瞬間、「え、狐？（京都だけに）」と思ってドキリとした（訪れた際は要チェック）。

　靴を脱ぎ、休憩室へ。畳、座布団、開け放たれた窓。おばあちゃんちのような、緊張感のない緩んだ空間に脱力する。扇風機を活かした空調管理も自然体でいい。常連のおじいちゃんが「甲子園が見れない」とぼやきながら、すててこ姿でフラフラしている。

　席に着くと、狐かもしれない女将さんが、不動温泉に含まれる放射能のラジウム効果について説明してくれた。飲泉も可能な鉱泉で、大きな瓶にたっぷり入れて提供してくれる。口当たりまろやかな軟水でゴクゴク飲める。注文できる食事も、すべて源泉を利用しているそうだ。私はさっそく湯豆腐を注文し、調理の間、湯を堪能することにした。

天井低めの浴室にラドンを溜めて深呼吸する度に、細胞活性化！

　年季の入った暖簾をくぐり、脱衣所へ。扉を開けると、もわわ～んと、ラドンをたっぷり含む湯気に包まれた。浴室の天井をわざと低めに作り、湯気を溜め、ラドンを吸い込みやすくしているとのこと。もちろん窓も開けてはいけない。効能へのこだわりを見る。

　タイルばりの浴槽は、3人くらいで浸かるとあふれてしまう大きさだ。加温、循環、併用のかけ流し。しかし、湯質のやわらかさはしっかり伝わってくる。発見された当時は、傷の治りが早いことから「おたすけ水」と呼ばれていたそうで、今では若い女性が一人で訪れることもめずらしくないそうだ。それだけ効果への期待が高いのだろう。私は湯船を何度も出たり入ったりしながら、意識して、深い呼吸を繰り返した。

休憩室に戻ったら、頼んでおいた湯豆腐がテーブルに。源泉が食材の味を引き立てている。他にも、天ぷら定食、そうめん、親子丼など、訪れたら絶対に食べてほしい。

お腹いっぱいになってゴロゴロしていたら、まぶたが重たくなってきた。意識の遠いところから、ぼんやり聞こえる蝉の声。扇風機の心地よい微風。喧騒から離れた盆地の涼やかな夏である。私は天井を見上げながら、修学旅行で班になった2人のことを思い出していた。決して交わることのなかった2人。今、どうしているんだろうなあ……なんて、言うほどそんなに、興味はないけれど。

温泉処、というよりお寺の境内の雰囲気が強い

「おたすけ水」は持って帰ることもできる

湯豆腐のまろやかな口当たりは源泉のなせるわざ

こんな人におすすめ！

☑ 細胞から体質改善したい
☑ 源泉料理を味わいたい
☑ 盆地の涼やかな夏を体験したい

【住　所】京都府京都市左京区北白川地蔵谷町1-244
【電話番号】075-781-5480
【行き方】「京都駅」から比叡山行き、又は、比叡平団地行きのバスで「地蔵谷」で下車、すぐ目の前
【料　金】入浴　大人1,300円、小人600円

揺るがない、珈琲色の湯面
無になる、無になれる

小糸川温泉
千葉県

緑の広間でポツネンと佇む
私の意識がどんどん閉じていく

「ポリポリポリ」

たくあんをかじる音が響いていく。

「バリバリバリ」

キュウリの浅漬けをかじる音も響いていく。

横を見るとおじさんが、折り畳んだ座布団を枕にして、昼寝中。温泉から上がったおばさんは、体育座りをしながら無言でワイドショーを見続けている。大きな窓からさし込む光が、さっきよりずいぶん右に移動した。

ああ、一人だなあ、と思う。静かで安らぐ、というより、ポツネンといった言葉がよく似合う。あらゆるつながりから孤立した、現実世界のエアポケットにいるみたい。

4月上旬、桜も散ったころに、千葉は君津にある小糸川温泉にやってきた。草花が揺れる敷地に建つ、平屋の温泉宿だ。広間では、季節限定の麦とろ定食や、特製カレーライスを注文して食べることができる。私は少し迷ってから、もちもちぷちぷちの麦ごはんに、清和特産の自然薯を使った麦とろ定食を

冒険度	★★★★
ひなび度	★★★★
清潔・キレイ度	★★★
リーズナブル度	★★★
クセ度	★★★★★

注文した。一緒についてきた、たくあんやキュウリの浅漬けを味わいながら、だだっ広い広間に咀嚼《そしゃく》音を響かせる。そしてその反響を、自分の耳の中で受け止める。ポリポリポリ、バリバリバリ、内へ内へと、私が閉じていく時間。

世知辛い社会で自分を保つ方法 閉じてる時間も必要よね？

昔、アパレルブランドのタウン&カントリーが、木村拓哉を起用して流していたCM、覚えている人はいるだろうか。私はサーフィンもしないし、商品もまったく興味ないのだが、そのCMでキムタクが語っていたことは、今でもときどき思い出す。

「世の中には、2種類の人間がいると思うんだ。開いてる奴と、閉じてる奴？　今日の俺は、開いてんのかな」

他にもいくつかバージョンがあって、「閉じている時間も大切」というようなことを語っていた。まだ20代前半だった私は、バンバンいろんな人たちとオープンにコミュニケ

ーションがとれる同僚に引け目を感じていたものだから、「え、閉じててもいいの？」と、その肯定に目から鱗だった。

今の私は、開いているだろうか？　閉じているだろうか？　ふとした瞬間に考えるようになった。お一人さま逃亡温泉の旅をしながら、確認することも多い。

千葉の黒湯は、太古の湯
地中から栄養たっぷりモール泉

小糸川温泉は、その道程から、私は閉じていたと思う。トラックが走る通りに、ポツンと一人降り立った瞬間。わき道に入り、ふんわり白い雲が浮かんだ空を、眼前にとらえた瞬間。まっすぐ歩いて行く田舎道は、小学校の帰り道を思い出す風景だった。そういえば、卒業文集に「一番の思い出は帰り道」と書いた。「じゃんけんグリコ、よくやってたなぁ」「笹舟、流してたなぁ」「駄菓子おいしかったなぁ」と、意識はすっかり、タイムスリップした先の内側に……。

意外と千葉には温泉がたくさん湧いていて、底が見えないほどの色濃い黒湯も多い。腐植質と呼ばれる、太古に蓄積した植物起源の有機物が炭化し、湯に溶け込んでいるためだ。小糸川温泉も、地下４５０メートルほども深い地層から天然の黒湯を引き上げているそうだ。

濃厚オイルに浸っているような浴感
乾燥した腕も脚も、なめらかツルン！

浴室に入ると、地中海のような青いタイルに彩られた浴槽に、だんまりと黒湯が佇んでいた。微動だにしない湯面。張りついたような湯面。え、これ本当に湯面？　動く気配がまったくなく、錆びた蛇口も音を立てない。時間が止まっているようだ。

底が見えないほど黒いため、鏡のように窓の景色を映している。洗面器ですくってみると、イソジンみたいな赤茶色。もしくは、うすいアメリカンコーヒーだ。足を入れるとようやく湯面が揺らぐ。なんだこのまとわりつくような湯感は。とろりんと重みのある湯質は体感したことあるが、それとは違う、濃厚でオイリーな浴感がある。肌をなでると全身ぬるついている。

泉質は、ナトリウム－塩化物・炭酸水素塩泉の冷鉱泉。湯温計は加温温度36度を指していて、確かに最初は少し肌寒さを感じたが、豊富なナトリウムのおかげで、徐々に額が汗ばんできた。

そして静かだ。まったく揺るがない黒湯に浸かっていると、同化して、どんどん私が閉じていく……。

杖をついたおばあちゃんが入ってきた。地元の方だろうか。観光客ばかりじゃないんだなあ……と思っていたら、次々に地元らしい方たちが入ってきて、あっという間に浴槽が埋まってしまった。先客だった私は、そっと静かに場所を明け渡した。

大広間に戻り、裸足のまま寝転がる。窓の外に浮かぶ雲の流れを追い続ける。そのことだけに意識を傾けていると、ますます私が閉じていき、迷い事や心配事も切り離されて……まさに無の境地へ。今なら私、何があっても揺るがないかも。

大広間でいただいた麦とろ定食。粘り気がすごい。弾力が指に伝わってくる！

最寄りの大野台バス停。緑の中にポツンと

廊下に漫画や文庫本を置いた本棚もあった。こりゃ何時間でもいられるぜ

こんな人におすすめ！

☑ 黒湯・モール泉に浸かりたい
☑ 地産地消ランチを味わいたい
☑ 無になりたい

【住　所】千葉県君津市日渡根 206
【電話番号】0439-37-2108
【行き方】亀田病院行きバスで 40 分、「大野台」下車、徒歩 8 分
【料　金】入浴　大人 800 円、小人 500 円

ああ蘇る、生まれ変わる、母の羊水の如し

自分を見失う
極上ぬる湯温泉

それは体温のような湯。
どこまでも長湯できてしまう恍惚《こうこつ》感。
体の輪郭までとろけてしまう、
危険な泉質でもある。

ときに深く湯とシンクロしてしまうと、
理性を超えて、
自分を見失ってしまうことさえある。

そんなぬる湯が
島国・日本にはたくさん湧いていて、
私たち住民は、知らないうちに陰で、
マインドコントロールされているかもしれない。

誰に？
大地に。

―私がハマった極上ぬる湯温泉

♨倉真赤石温泉（静岡県）
♨七里田温泉「下湯」（大分県）
♨奥津温泉「東和楼」（岡山県）

白い湯の華に祝福された自我を見失う、恍惚湯

倉《くら》真《み》赤石温泉

静岡県

冒険度	★★★★
ひなび度	★★★★★
清潔・キレイ度	★★★
リーズナブル度	★★★
クセ度	★★★★★

極上湯に浸かると思い出す傘をパクった先生の言葉

大学でお世話になっていた先生は、フランス哲学者ミシェル・フーコーを研究していた。論文は難解複雑なことで有名で、大のワイン好き。ある日、夕食をご一緒させていただいたときのこと、店を出ると雨が降っていた。傘がなくて困っていると、先生はスッと躊躇《ちゅうちょ》なく、さも自分の所有物であるかのように、店の傘立てから誰かのビニール傘をパクった。

「え、先生、それ人のじゃないですか」

私が指摘すると、先生は言った。

「いいですか？　世界はすべて原子でできています。この傘も、私も、すべて原子。何万年前はぜんぜん違うものだったんです。くっついたり離れたり、原子はめぐっている……つまり、誰のものでもないんですよ」

諭すように語ると、私の手にも他人のビニール傘を持たせ、雨の中をほろ酔い気分で帰っていった。

私はいつもこの出来事を、極上のぬる湯に浸かっているときに思い出す。体の輪郭から、湯と一体になってしまうような感覚。原子レベルで溶け出して、自分を見失ってしまうような……はて、自我も、原子だろうか。

緑のバラック小屋が醸す独特さ温泉マニアも注目「倉真赤石温泉」

静岡は掛川の山奥に、温泉マニアもたまらない極上湯があるという。事前に電話を入れると、「明日やってるよ、待っとるよ～」とおじいちゃんの陽気な声がした。

掛川駅からはタクシーで向かった。車窓からは茶畑が見える。さすが静岡、心なしか東京より暖かい。民家を越え、うす暗い山の中、野趣あふれる道のりを進むと、少し開けた場所に、バラック小屋のような緑の建物が見えた。「倉真赤石温泉」に到着だ。庭では、ピエロの人形や小魚の泳ぐ大鉢、お堂など、

窓からの景色も好き。太陽の光がひっそり沈んで、山に影を落としていく様子が見られる

コンセプトに縛られない雑多なアイテムたちが、独特な個性を放っている。

80歳を超えるおじいちゃんと娘さんが出迎えてくれた。

「遅かったね〜もう来ないかもね、なんて話してたんだよ〜」

「うちの湯はすげえぞ、変わってんだ、まずは入れ入れ」

さっそく湯をすすめてくれた。

ぬる湯に体の輪郭から溶けていく自分を見失う、恍惚感あふれる

浴室は二つあるが、お客さんが少ない時期は一つだけに湯を張るそうだ。脱衣所には、

「石けんを使用しないほうがいいです」

「お肌のスベスベがカサカサになってしまいます」

と書かれた店主のつぶやき。張り紙で期待を上げてくる。

扉を開けると、あっさりとした白いタイルの浴室に、とろとろと源泉が注がれる浴槽。大きな窓からは、冬でも穏やかな顔つきをした遠州の山々が望める。

さっそく全身を沈めて湯を味わう。何時間でも入っていられるまろやかさだ。角のとれたぬる湯は、完璧に私好み。とろんとした源泉に浸かりながら山景色をぼうっと眺めていると、体も温まり、ふわふわしてくる。恍惚の中にいるような浴感。輪郭から曖昧になって、私自身が温泉になってしまうような、私がもう私じゃないような、見失ってしまうような……。

真綿のような白い湯の華が大量に舞っている。単純硫黄冷鉱泉で源泉は18度。加温しすぎると成分が壊れてしまうため、加減にはとても気を遣うそうだ。屋上には、源泉温度のまま入浴できる、お手製のビニール浴室もあったのだが、台風で壊れてしまったそうだ。

温仙人をはじめ、湯にまつわる科学では説明のつかない逸話たち

「倉真赤石温泉」は飲泉もできる。休憩室では、温仙人ことおじいちゃん考案の源泉メニューが味わえる。山いもステーキ、タマゴ

丼、甘酒、珈琲。注目は、名物「青い温泉たまご」だ。黒はよく見るが青はめずらしい。

「他と同じことやってちゃ、ダメだからね～」

いたずらっぽく笑う温仙人。今も新メニューを考案中とのこと、80代とは思えないバイタリティだ。そんな温仙人と「倉真赤石温泉」には、日本昔ばなしのような逸話がある。

昔、この土地の滝に惚れ込み、一帯9000坪を購入（土木屋の社長だった！）。敷地内に落ちていた観音像を拾って奉ったところ、「温泉を掘りなさい」とお告げがあり、言われた通り掘削すると、本当に温泉が湧いてきたそうだ！

近くの倉真温泉とは泉質がまったく異なり、浸かると医者も驚くほどの回復を見せるそうで、泉質調査が行われるなど、効能パワーには注目が集まっている。他にも、「ここはパワースポットです」と、自称・オーラの見える人が訪れたり、コンパスの効かない磁場になっていたり……科学では説明のつかない神秘が、山のようにあるという。私は、浸かったときの不思議な浴感を思い出しながら話を聞いていた。湯の奥深さ、そのパワーを引き寄せる温仙人に、圧倒される一日となった。

ちなみに温仙人の娘さんは、温泉が好きじゃない。その事実も含めて、「倉真赤石温泉」は不思議である。

もっとも異質な空気を醸し出していた、ピエロ人形

源泉コップ1杯100円（笑）。商売上手な温仙人

倉真赤石温泉でゆでた卵は、白身が青みがかっていた！

こんな人におすすめ！

☑ 神秘的な浴感を体験したい
☑ パワースポットに興味がある
☑ 温仙人に会いたい

【住　所】静岡県掛川市倉真赤石 5984-1
【電話番号】0537-28-1126
【行き方】「掛川駅」からタクシーで約 30 分
【料　金】入浴　大人 1,100 円、小人 550 円

尋常じゃない泡づき
日本一危険な炭酸泉の中毒性

七里田温泉　下湯《したんゆ》

大分県

冒険度	★★★★★
ひなび度	★★★★★
清潔・キレイ度	★★
リーズナブル度	★★★★
クセ度	★★★★★

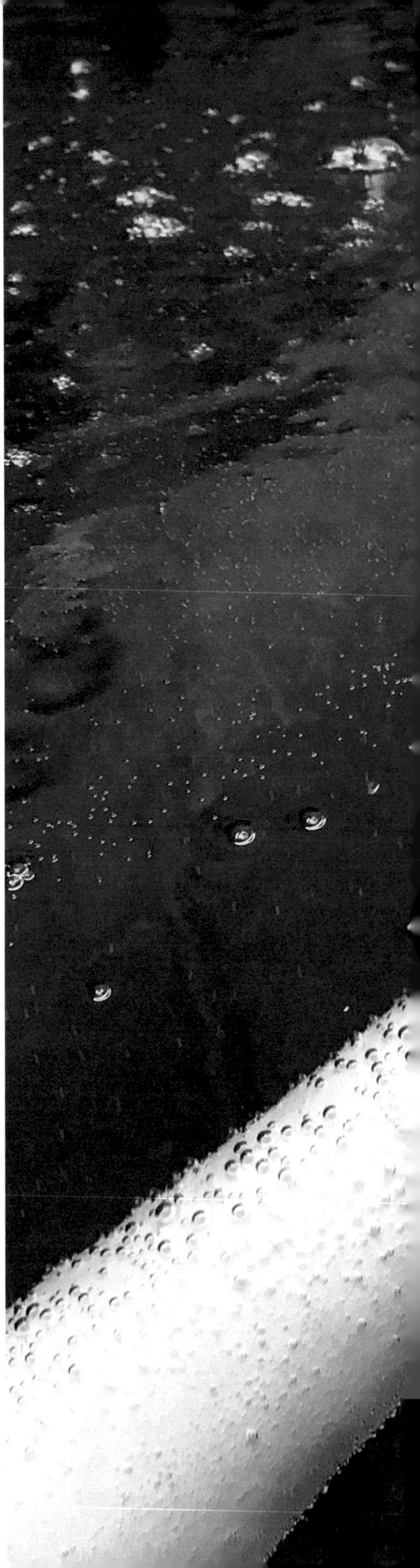

ぬる湯好きなら一度は入りたい 七里田温泉「下湯」

温泉はときに、人を殺すことがある。付随ガスと呼ばれる硫化水素や二酸化炭素による中毒だ。中には、「一人で入らないでください」と注意喚起する宿もあれば、ガスマスクをつけて入る野湯もある。吸った瞬間、一発でノックダウンする湯もあるそうだ。

日本一の炭酸泉と言われる七里田温泉「下湯」に、私はずっと入ってみたかった。テレビ番組で一度、「日本一危険な温泉」と紹介されたこともあるようで、二酸化炭素の放出がすごいという。どれほどシュワシュワなのだろう……怖いもの見たさで、ますます浸かってみたくなる。

アクセスは悪いのに大人気 開湯は弥生時代？ 日本最古？

大分駅から竹田市のコミュニティバスに乗って、2時間弱（1日2本しかないので要注意）。長湯温泉の観光案内所に近い長湯車庫に着く。そこから歩いて1時間ほどの場所に「七里田温泉」はある。小川のせせらぐ、のどかな景色の中を進んでいく。

炭酸泉といえば長湯温泉が有名だが、「七里田温泉」はそれ以上の泡づきとうたわれている。駐車場にはひっきりなしに車が出たり入ったり、たいへん人気のようだ。

自動券売機に５００円玉を入れ、受け付けを済ませると、下湯の鍵がもらえる。女将さんが言うには、現在すでに7名もの方が入浴中とのこと。

「小さな湯船だけど、気にせず入ってね～」

そうおっしゃってくださったが、休憩所で待ち、少しタイミングをずらして入ることにした。

建物の外に出て、矢印通りに進み、50メートルくらい坂を下ると下湯の小屋がある。別名「ラムネの湯」。簡素な建物の看板には、「弥生時代から湧く温泉」と書いてあった。

浴室の窓の下に注意喚起「本格的な炭酸泉のため、高濃度の炭酸ガスも噴出していますし、ガスが充満することも考えられます」。おおっ……

弘法大師や豊臣秀吉が発見した温泉はよく聞くが、開湯が弥生時代にまで遡る温泉は初めてみた。もしかして、日本最古の湯って、ここ？

簡素な脱衣所で服を脱ぎ、深呼吸。いざ出陣、日本一危険な炭酸泉へ。

パチパチ弾ける気泡が肌を打つ強烈！ 天然炭酸泉の洗礼

お世辞にも広いとは言えない浴室内を、鮮やかに覆う赤茶色。浴槽や床の析出物に目を奪われる。強烈な温泉成分の証拠だ。「七里田温泉」は、鉄分とカルシウムを豊富に含んだ炭酸水素塩泉。無色透明な湯の中で、沸騰しているように気泡が浮び上がっては、弾け飛ぶ。離れた場所からでも肉眼で確認できるなんて、どれだけ強い炭酸だろう。浴槽から絶えずオーバーフローし、床をサラサラ走っていく。

深めの浴槽に身を沈めると、シュワシュワパチパチ、弾ける気泡が皮膚を打つ。源泉36度のぬる湯は気持ちがよく、夏場にはたまらない。しかも自噴。湯口の真裏から100パーセントかけ流され、加温も加水もなし、鮮度は抜群だ。脚、太腿、お腹、腕、一瞬でびっしり細かい気泡に覆われる。ここまで激しい泡づきは初めてだ。

人肌くらいの湯温はまったく熱くないのに、額にはじんわり汗の玉。血管が開いている証拠だろう。耳元で絶え間なく弾ける音も心地よく、目を閉じたら寝てしまいそう……。

いかん、いかん。ここは「日本一危険な温泉」だ。二酸化酸素を多く含んでいるため、寝湯厳禁、喚気必須。念のため、浴室に入ったら窓が開いているか、確認することをおすすめする。

入浴は60分まで。気づいたら他のお客さんはいなくなって、贅沢にも独泉状態になっていた。時間きっかり堪能し、惜しみながら外に出た。

サッパリとした清涼感を肌に感じる。肩こりも少し解消されているような。受付に鍵を返し、足取り軽く、「七里田温泉」を後にした。

開放感がハンパない！　というか、むき出しが過ぎる「ガニ湯」。もちろん混浴

黄色い壁の建物が目印

飛行機の中で反芻する泡心地
中毒性アリ「もう……浸かりたい」

　長湯温泉まで戻り、「ガニ湯」にも足を運んでみた。こちらも秘湯好きには有名だ。芹川沿いにでんっと、柵も囲いもなく、シンボリックに置かれた混浴露天風呂。その無防備さはハンパない。うぐいす色の湯を遮るものは何もなく、太陽の下、露わになっている。ただ残念ながら私は、橋の上から眺めていた。前日の雨量が多く、下に降りることさえままならなかったのだ。せめて温泉に触ってみたかったな。また訪れる理由にしよう。

　帰りの飛行機の中、私は「七里田温泉」の泡心地を反芻しながら、団鬼六のエッセイにあった、フグの肝を食べる話を思い出していた。フグの肝は猛毒のため提供が禁止されているが、知人の料亭にこっそり依頼し、酒に溶いて刺しを食べた、という話である。舌にピリッと麻痺する感覚とともに、フグの身の甘みが広がる様子を、背徳感たっぷり官能的に描いていて、憧れたものだ。

　「日本一危険な炭酸泉」もそれに似て、中毒性が高いようだ。入浴したのは数時間前のことなのに、もう……浸かりたい。

ガニ湯前の食事処「天風庵」の名物ガニ湯うどん

こんな人におすすめ！

☑ 強烈な炭酸泉を体験したい
☑ 夏はぬる湯で清涼感を
☑ 中毒性のある湯にやられたい

【住　所】大分県竹田市久住町大字有氏 4058
【電話番号】0974-77-2686
【行き方】「大分駅」から竹田コミュニティバスで 2 時間弱、「長湯車庫」下車、がんばって 1 時間ほど歩く
【料　金】入浴　「下湯（ラムネの湯）」　大人 500 円、小人 300 円、3 歳未満無料
本館の「木乃葉の湯」大人 300 円、小人 200 円、3 歳未満無料

トンネルの先で生まれ変わる
羊水の如き湯に母恋しさを暴かれて

奥津温泉 東和楼 岡山県

母が亡くなった1か月後 岡山は奥津温泉に一人旅へ

久しぶりの遠出だった。それまでは、アクセスの悪いところや電波の通じないところに行くことを控えていた。すぐ実家に帰れるように気持ち的にも構えていたし、母が倒れた翌日には会社を退職することに決め、時間や場所に縛られない働き方に変えたりもした。

母が亡くなった後は、「常に気がかりのある状態」から、「プツリと糸が切れた凧」になったみたいで、自分でも、自分の感情がよく分からない状態だったと思う。蓋を開けないように、気づかないフリをしていたのかもしれない。ただ、どこかに行きたい、温泉に入りたい、ぼんやりそう思っていた。

一人で泊まらない方がいいよ 事前情報に怖気づく「東和楼」

岡山の美作三湯の一つ、奥津温泉。津山駅を出発し、バスに揺られること1時間。山奥をぐんぐん進み、養蜂場の看板を越え、さら

冒険度 ★★★★★

ひなび度 ★★★★★

清潔・キレイ度 ★

リーズナブル度 ★★★

クセ度 ★★★★★

これが有名な白いトンネル……怖っ！
奥にある鏡が怖さを助長している

に吉井川を渡ると、奥津温泉街にたどり着く。俗化されていない山裾の生活圏に、温泉旅館が数軒、民宿がチラホラ。江戸時代には、津山藩主の殿さまが別荘を建て、独り占めしたほどの名湯がある。

目的は「東和楼」。温泉教授・松田忠徳の著書「日本百名湯」によると、泊まるならここだと記されている。理由は湯質。足下から湧き続けるフレッシュな自噴泉だ。

当初は、宿泊をお願いするつもりで電話を入れたのだが……。

「あなた、一人で泊まるの？」

「はい、一人でも大丈夫ですか？」

「いいけど……本当に一人で泊まるの？」

「え、あ、ダメですか？」

「うーん、よく考えてごらん」

そんなこと、宿の方自ら言う？　その後、インスタグラムでつながった温泉好きの方からも、「女性の一人宿泊は怖いかもよ」とアドバイスをいただいた。え〜どんな宿やねん……。「ボロいい宿」には何度も泊まってきたが、ここまで釘を刺されたことはない。怯えて日帰り入浴にしてしまった。

木造3階建ての外観は、一見ノスタルジック
風情だが、人気がないので不気味な雰囲気

実際、「東和楼」を目の前にしてたじろいだ。創業昭和3年の木造建築は、廃墟感が漂っている。館内は昼間なのにうす暗く、くすんだ蛍光灯がロビーを照らしている。壁や床には、皿の上でひっくり返った魚の絵画や、江戸女を形作った鉄金アートなどが飾られ、その統一感のなさがいっそう不穏を煽る。確かに、一人での宿泊は夜怖かったかも。

異界へつながる白壁のトンネル もう元の自分には戻れないかも

実は「東和楼」の自噴泉は男湯だけで、女湯は、男湯からの引き湯になる。だがここまで来たならやっぱり、足下自噴泉に入りたい。「次のお客さんがいらっしゃるまで、男湯に入らせてもらえませんか?」

女将さんにお願いしたところ、快く了承してくださった。やった、来た甲斐がある! 階段を降りて、さっそく浴室へと向かった。

なんだこの白壁のトンネルは。異界につながっているような、非現実的な地下通路にゾッとする。暗がりの先にある大きな鏡もまた不気味だ。だがここを通らなければ、極上湯にはたどり着けない。

「このトンネルを通ったら、もう元の自分には戻れないかもしれないな」

まるで小説の始まりのよう。勇気を出して進んでいく。

羊水のような湯に包まれる 胎内の記憶を引き出され、大号泣

錆びた扇風機に、ガタが来ているガラス窓。高めに設置された窓から光を受けて、湯はラムネ色に反射して見える。天然の岩盤を浴槽に用いているのも特徴的だ。透明度が高いため、ゴツゴツとした岩の輪郭までクッキリ見える。体を沈めると胸の高さまで湯が満ちる、立ち湯のような深い作りだ。まるみを帯びた湯に包み込まれる浴感は、まるで羊水に守られているよう。実際、加温も加水もされていない純潔な源泉は、40度あるかないか。まさに羊水ほどの湯温なのだ。

足下からは、脈打つように生まれ続ける自噴泉が、湯面を力強く波打たせている。肌を

微細に震わせ、胎内にいたころの記憶を呼び覚ます。心地よさが、魂に触れて、訳のわからない笑いが止まらなくなる。

「すごい、すごい、すごい」

私は一人湯の中で揺れながら、次の瞬間、母を思い出して大泣きしていた。タガが外れた、というんだろうか。

母が倒れてから亡くなるまで、そして亡くなった後も、意識的に感情を遮断することで、毅然と生活を送ってきたが、そんなのぜんぶ嘘なのだ。平常心を失いたくない、乱れたくない。だから、蓋をしていただけなのだ。不純物のない直球な湯に、ごまかしが効かなくなってしまっていた。

ひとしきり笑って、泣いて、浴室を出た。白壁のトンネルを戻り、「東和楼」を出て、振り返る。来たときと変わらない佇まいだが、当初感じた不気味さはなく、安らぎすら感じる。さらけ出したからだろう。

温泉は暴く。この体験は、私をさらに温泉の奥深い世界へと誘った。「生まれ変わった」といえば、そうなのかもしれない。

風呂の天然岩は、切り出したままの荒々しいゴツゴツ感

奥津橋のたもとで行われる足踏み洗濯の場。今でも地元の方々は、温泉を用いて洗濯をしている

こんな人におすすめ！

- ☑ 羊水のような湯を体験したい
- ☑ 足下自噴泉を味わいたい
- ☑ 生まれ変わりたい

【住　所】岡山県苫田郡鏡野町奥津 53
【電話番号】0868-52-0031
【行き方】「岡山駅」から「津山駅」へ。奥津温泉行きバスで 60 分、「奥津温泉」で下車、すぐそこ
【料　金】日帰り入浴　大人 800 円、小人 400 円

絶対に持っていかない！ アイテムたち

「なぜ一人で温泉旅に出たのか」。それは……疲れた俗世間から、逃亡するためじゃないのか！　どっぷり浸るためにも、邪魔なアイテムは家に置いていきませう。

ビジネス本・仕事関連本

「時間ができたら、この機会に読んでおくか」なんて発想、一ミリも持ってはいけない。そもそも時間を有効に使おうという考え方こそ、疲れの元凶ではないか！　これでもかというほど、ボーッとしたい。

メイクアップコスメ一式

ビューラー、マスカラ、アイライン、アイシャドウ、チークなど。必ず置いていく。秘湯では、すっぴんで、自然体で過ごしたい。東京駅に帰ってきたとき、若干のひけめはあるけれど……(苦笑)。

イヤリング・ネックレス等のアクセサリー

とくに日帰り温泉や共同湯めぐりの際、脱衣所に入る度にはずしたり、つけたり、面倒くさい。一度、大事なリングをなくしかけたこともあり……！　持っていかない方が賢明。

ユーチューブ、インスタグラム、ヤフトピの類

置いていく、というか見ないようにする。ついスマホでヤフートピックスなど開いてしまわないように。政治汚職、経済低迷、芸能人の不倫……俗世間に引き戻されて、癒やされない！

意外とバスタオル

ぶっちゃけ手ぬぐいがあれば、十分。むしろバスタオルはかさむし、濡れたら重いし、必要ない。温泉上がりは、濡れた手ぬぐいを手に持って回しながら、風を切って気分よく歩こう！

背中、腰、お尻の下を流れる湯の快感

全身、骨抜きになる！

トド寝温泉

裸体の下を、トクトクトクトクトクトク〜
温かな湯が流れていく。
せせらぎのように。
ときに、激流のように。

オーバーフローした温泉が走る
析出物の鮮やかな床の上、
トドのように寝転がりながら

湯を味わう、「トド寝」。

知っていますか？
その快感、安らぎ、背徳感。

え、まだあなたの体は「トド寝」を知らない？
それはもう人生、半分、損していますよ。

―私がハマったトド寝温泉

♨ 若栗温泉「乗鞍荘」（長野県）
♨ 鹿教湯温泉「ふぢや旅館」（長野県）
♨ 妙見温泉「秀水湯」（鹿児島県）

トド寝温泉に目覚める！
振り向けば白馬連峰の絶景

若栗温泉 乗鞍《のりくら》荘 長野県

冒険度	★★★★
ひなび度	★★★
清潔・キレイ度	★★★★
リーズナブル度	★★★
クセ度	★★★

真冬の雪国、長野は小谷村
コントラストが眩しい青空

クリスタルのように澄んだ空気が、真っ青な空と、真っ白な雪をかぶった白馬連峰を明瞭にしている。混じり気のない大自然が生むコントラスト。標高は855メートル。空中に浮いているような錯覚を覚える雄大な景色が、湯上がり後の体の感覚を研ぎ澄ませ、どんどんハイにさせていく。

氷点下なのにちっとも寒くない。なんだこの、スコンッ!と突き抜けた爽快感は。ホカホカに温められた顔や体や脳みそが、シャキンッと覚醒されていく！

数多く温泉が湧く白馬小谷村の中でも、スノーボーダーをはじめ、地元の方々にも定評のある若栗温泉「乗鞍荘」。私は一人、豪雪地帯の雪道を歩きながら、その大地パワーを全身で受け止めていた。

壮大に、雄々しく広がる白馬連峰
立ち寄り湯、若栗温泉「乗鞍荘」

白馬小谷村は、パウダースノーを求めて世界中から人が集まるスキー場の村だが、実は、いくつも源泉が湧き出す豊かな温泉地でもある。小谷温泉、姫川温泉、来馬温泉、栂池温泉など、書き出すとキリがない。秘湯好きに人気の宿もある。

今回、私が訪れたのはその中の一つ、若栗温泉「乗鞍荘」だ。高齢のおじいさんとおばあさんが切り盛りしていて、スキーを楽しむ若者はもちろん、地元のご老人たちが風呂場として、日常的に活用している側面もある。

長野駅から白馬行きのバスに乗り、栂池高原スキー場前まで出る。「若栗温泉」までは、40分かけて雪道を歩き切れば、たどり着くことができる。晴れた日や小春日和の日はがんばれる距離だ。高低差のある道のりに足は棒になるが、雪の積もった白樺の林道は静かで、美しい。しんとした空気の中、不意にドサッと雪の落ちる音が響く。あとは、自分の

広々とした浴室・浴槽に、ドバドバ勢いよく湯が注がれ続けている。空いているので、のびのびできる

見よ！　この黄金色に波打つ析出物を

鼓動と足音だけだ。

林道を抜けると橋が現れる。さらに進み、坂道を下る。視界が開け、壮観な白馬連峰が現れたら、若栗温泉「乗鞍荘」は近い。すぐに立派な平屋建てが見えてくる。駐車場は広く、除雪された雪の塊があちらこちらに。看板もしっかり雪に埋まっている。

黄金色に輝く床に寝そべって　こった肩、背中を、湯がほぐす

地元の方だろうか？　ロビーでは、おじいさんが一人、宿のご主人とおしゃべりを楽しんでいる。受付でおばあさんに600円を支払うと「ごゆっくり～」と声をかけてくれた。

清潔感のある広めの脱衣所だ。一つだけドライヤーが備えてある。スキーを楽しんだ後のお客さんが、グループで訪れるのだろう。だが、今は誰もいない。よし、独泉だ！

扉を開けると、冷えた体を一気に温泉蒸気が包み込む。カコーンと桶が響く音。天窓からは、厳かに昼間の光がさし込んでいる。自然石でできた岩風呂も立派だ。この大きさで100パーセント源泉かけ流しなんて、豪快な湯量である。大地のパワーが伝わってくる。

石床にさらさらと、オーバーフロー。茶褐色の湯が流れ続け、床は黄金色の析出物で波打っている。

私は独泉をよいことに、岩風呂の縁を枕にして、床に寝そべった。こった肩や背中、お尻の下をトクトクトクトクトク～と温泉が流れていく。なんだこの気持ちよさは！　神の手を持った整体師にマッサージを施してもらっているような、全身がじっくり、ほぐされていくような感覚ではないか。ぬる湯に長湯するのも至福だが、この味わい方もウットリする。髪が濡れても、ドライヤーはあるから問題なし。いつまでも寝ていられる。

泉質は、ナトリウム－炭酸水素塩泉。筋肉痛や冷え性に効能があり、浸かると、熱めの湯にはガツンと重みがある。光の加減によっては、翡翠のような深緑をたたえて見えるのも不思議だ。中段に設置されたパイプからは、ドボドボと源泉が注がれ続け、飲泉も可能。ヨウ素を含んでいるため殺菌効果があるようだ。えぐみを感じる味。私は手のひらを

器に、我慢しながらゴクンと飲んだ。

体が勝手に「トド寝」をしていた初体験で、病みつきになりました

その後も何度か「若栗温泉」を訪れたが、湯の温度は、熱かったり、ものすごく熱かったり、日によってまちまち。おばあさんの匙加減か、私の体感の問題か（笑）。だが、湯上がり後に目に飛び込んでくる景色は、いつでも壮観な白馬連峰だ。芯まで温まった全身に、雪国の空気はすこぶる気持ちがよかった。

後に、インスタグラマーの温泉好きお姉さまから、「乗鞍荘」は「トド寝の聖地」の一つだと教えてもらって驚いた。実はそれまで私は、「トド寝」という言葉を知らなかったのだ。「若栗温泉」のあふれる湯を前に、体が勝手に「トド寝」をしていたのだ。まさに聖地。新たな湯の楽しみを知り、私は一つ、大人の階段を登った。

目がチカチカするほど眩しい、よどみのない青空と真っ白な雪。写真じゃ伝えきれん！

こんな人におすすめ！

☑ 大の字でトド寝したい
☑ マッサージのようにほぐされたい
☑ 白馬連峰の絶景に圧倒されたい

【住　所】長野県北安曇郡小谷村千国乙 5506-1
【電話番号】0261-82-3073
【行き方】「長野駅」から白馬・栂池行きバスで「栂池高原」下車。好天なら 40 分ほど歩いて向かうのがおすすめ。最寄りバス停は「白馬乗鞍」
【料　金】立ち寄り湯　大人 600 円、小人 500 円、幼児 300 円

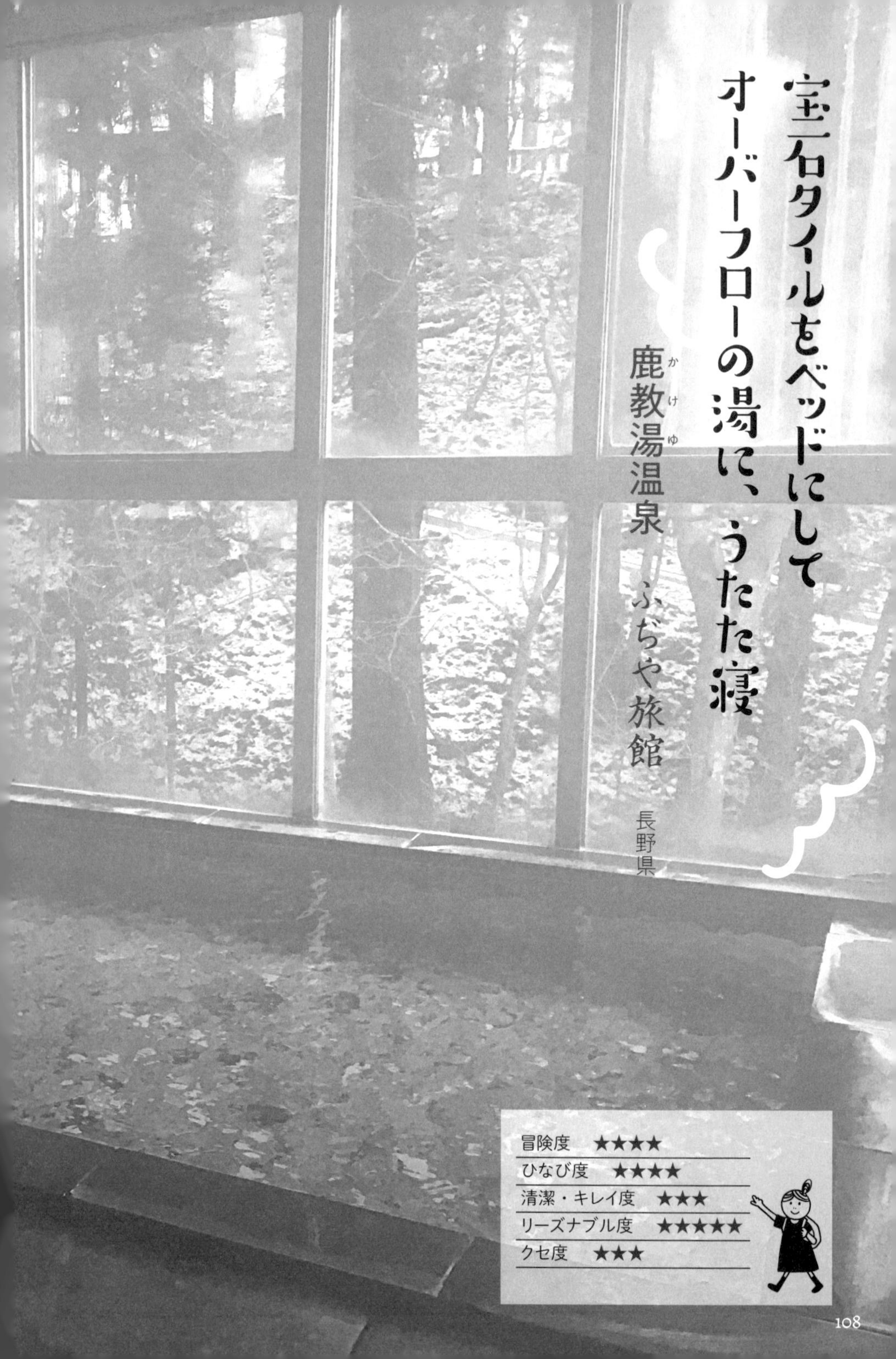

宝石タイルをベッドにして　オーバーフローの湯に、うたた寝

鹿教湯《かけゆ》温泉　ふぢや旅館

長野県

冒険度	★★★★
ひなび度	★★★★
清潔・キレイ度	★★★
リーズナブル度	★★★★★
クセ度	★★★

なぜ私は源泉3リットルを背負い山道を歩き続けているのか

私は、鹿教湯温泉から霊泉寺温泉まで約2時間の山道を、脚をズルズル引きずるように歩いていた。背中ではタプンタプンと、大きなペットボトルに入った源泉が2本分揺れている。その反動が、154センチの体に伝わり、体力を奪う。まるで苦行だ。今朝起きたときは、窓から見える快晴に、これから始まる爽快なハイキングを想像してワクワクしていたのに……。なぜこんなことになってしまったのか。

それは、昨日宿泊した鹿教湯温泉の宿「ふぢや旅館」のご主人の、多大なるご厚意によるものだった。お一人さまにも居心地のよい、最高の湯と浴室を備えた、とてもよい宿であったことに間違いはないのだが。

鹿に教えられた湯「鹿教湯温泉」最新の湯治施設として栄える町

鹿に教えられた湯、と書いて、かけゆ、と読む。その名の通り、矢傷を受けた鹿に教えられた湯として伝えられ、鹿は文殊菩薩の化身とも言われている。現代は、国民保養温泉地として病院とも連携するなど、湯治客をメインに受け入れが増えているそうだ。私が訪れたのは、つららが鋭く光る、雪の積もった季節である。

温泉通りには数軒宿があるが、「ふぢや旅館」を選んだ理由はいくつかある。サイトに「一人旅歓迎の宿」と書いてあったこと。部屋数が少ないこと。江戸末期から源泉かけ流しを守り続けていること。そして、きらびやかなタイルの床に寝そべって、あふれる源泉に身を委ねるトド寝が極上だと、温泉好きのセクシーなお姉さまからご教授いただいたからだ！

宿に着くと、ご主人が丁寧に案内してくれた。おぼつかない旧式エレベーターで地下へ降りる。女湯と共同大浴場（混浴）、そして

露天風呂がある。共同大浴場は、脱衣所まで男女共通のため、なかなかハードルが高い。ひとまず、女湯を堪能することにしよう。

宝石を散りばめたタイル風呂 ザブザブかけ流し、大量の温泉蒸気！

扉を開けると、大量の温泉蒸気に包まれた。これはすごい。一瞬でカメラレンズを曇らせる湯気だ。ガラス窓越しに見えるはずの雪景色もほとんど見えない。心なしか呼吸もしづらい。

床や浴槽は、翡翠のような深緑をはじめ、うす緑、エメラルド、オレンジ、オパール、トパーズなど、足で踏むのも躊躇われるほど美しいタイルでできている。無色透明な湯の中で揺らめいて、まるで万華鏡みたいだ。

源泉は47度の弱アルカリ性単純温泉。加温、加水、循環、消毒一切なしの極上湯が、羊の口からザブザブ贅沢に注がれ続けている。飲泉も可能で、シャワーからも直接飲める。

私は一度ザブリと湯で体を温めてから、ペタリと床に座り込んだ。お尻や太ももの下を湯が流れる。床暖房のように温かい。さらに、充満した温泉蒸気がしっとり肌にまとわりつき、全身の毛穴を開いていく。うたた寝しているだけで……スッキリ、ピカピカ肌になれそうだ。

夕食もよかった。野菜や山菜をメインにした湯治らしい品々。味つけがどれも上手で、苦手な食材までおいしかった。煮物や味噌汁は、源泉で調理しているそうだ。だからこんなに味がしみているのか。

ご主人に御礼を伝えながら、私は他のお客さんの様子を伺った。男性が数人、宿泊中とのこと。やはり混浴の共同大浴場を狙うのは、明朝だな。

混浴大浴場で至福のトド寝 帰り際、ご主人から贈り物が……

朝食後、私は混浴の共同大浴場に向かった。雪景色と青色タイル風呂のコントラストが、まばゆい！ 鹿の口から注がれる源泉は浴槽からあふれ、永遠に床を濡らし続けている。女湯の3倍は広いだろう。これが噂の極上トド寝ロケーションか。私は朝の光の中、全身をゆらゆら泳がせ、トド寝を楽しみ、存分に鹿教湯を味わった。

「お世話になりました」

玄関口で頭を下げると、

「あ、ちょっと待って」

ご主人は奥に消えた。しばらくすると、大きなペットボトルを２本持って戻ってきた。

「ここの源泉、あげますよ。持って帰って」

どうやら、混浴の共同大浴場に、入りたくて入りたくて仕方のない私の様子を見て、「この子は温泉が好きなんだなあ」と察してくださった上でのご厚意だった。

「いやいやいや！　そんな、お気遣いなく」

お断りした。なぜなら今日は２時間かけて、霊泉寺温泉まで歩こうと思っていたのだ。

「いいから、いいから、ね」

引かないご主人。

「袋いる？」

畳みかけるご主人。

「いや～あ～……では～はい～袋いただきます……」

結局、源泉ペットボトル２本を両手で受け取った。両手じゃないと持てない重さだった。

断れなかった。気を遣ってしまった。その結果が今、肩に重くのしかかっている。こういうの、昔から断れないんだよなあ。私は一人苦笑しながら、重量感あふれる源泉を運び続けた。

露天風呂は寒くて断念した。無理しない、がんばらない（笑）

トイレの案内看板の男女にも鹿の角が生えていた

レトロ感たっぷりのエレベーター。逆にオシャレ！

おいしかった宿ご飯ランキング、上位に食い込みます！　ご飯は豪勢にすりゃいいってもんじゃない

こんな人におすすめ！

☑ 豊富な温泉でトド寝したい
☑ 温泉蒸気で毛穴洗浄したい
☑ 源泉づくしの料理を味わいたい

【住　所】長野県上田市鹿教湯温泉 1373-3
【電話番号】0268-44-2204
【行き方】「上田駅」から鹿教湯温泉行きバスで40分、「鹿教湯温泉」下車、徒歩１分
【料　金】1泊2食　8,400 円～

まさに温泉の床！　ジャバジャバ湯に身を流して、ダメ人間のできあがり

妙見温泉　秀水湯

鹿児島県

冒険度	★★★★
ひなび度	★★★★★
清潔・キレイ度	★
リーズナブル度	★★★★★
クセ度	★★★★

これからは、「水に流しましょう」ならぬ、「湯に流しましょう」でいこう

「まあまあ水に流しましょう」という考え方は、とても日本人的である、ということを、教科書で読んだことを覚えている。日本は他国に比べて水量が豊かで枯渇することがなく、ゆえに、悪い出来事もイヤな気分も、「流せるだけの水がある」という論だった。お隣りの中国にも、長江や黄河など豊かな水流はたくさんあるが、大河ゆえに流れがゆったりしていて、「物事を流す」発想にはつながらないという。

　なるほど、国土の狭い日本の川は、確かに流れが速い。よどむことなく、汚濁を押し流すように駆けていく。また日本には古来、「水浴」で心身を清める「禊《みそぎ》」という神道の考え方もある。「悪いこともイヤなことも、流しちゃえ～」という発想は、日本人らしさの一つかもしれない。そしてその姿は、浴槽からジャバジャバあふれ続ける、源泉かけ流し文化にも通じるものがないだろうか。たとえば妙見温泉「秀水湯」。見ているだけでも、抱えていたよどみをスッキリ押し流してくれるような、この湯の勢いは、すごい。

日本神話の舞台でもある地 霧島エリア妙見温泉「秀水湯」

　鹿児島空港からバスに乗る。霧島火山群の自然に恵まれ、湯治場として栄えてきた妙見温泉へ。土地自体の歴史も古く、古事記や日本書紀には、ヤマト王権に抵抗した部族「熊《くま》襲《そ》」が暮らしていたと記されている。付近には、「熊襲の穴」と呼ばれる洞窟、居住跡も残っている。

　コバルトブルーの天降川がとうとうと流れるさまを横目に、バス停、妙見温泉で降りれば、湯治宿「秀水湯」に到着だ。若々しい紅葉の葉が覆う門をくぐると、「妙見指圧治療院」が現れ、その奥に湯小屋、裏手に宿泊施設が見える。実は「秀水湯」は、湯治宿であり、指圧治療院でもあるのだ。ご主人に「どっちが先ですか?」と尋ねたら、「……はてさて」と首を捻っていた。

　昭和感漂う6畳ほどの自炊部屋には、トイレ、テレビ、布団、キッチン、冷蔵庫、調理

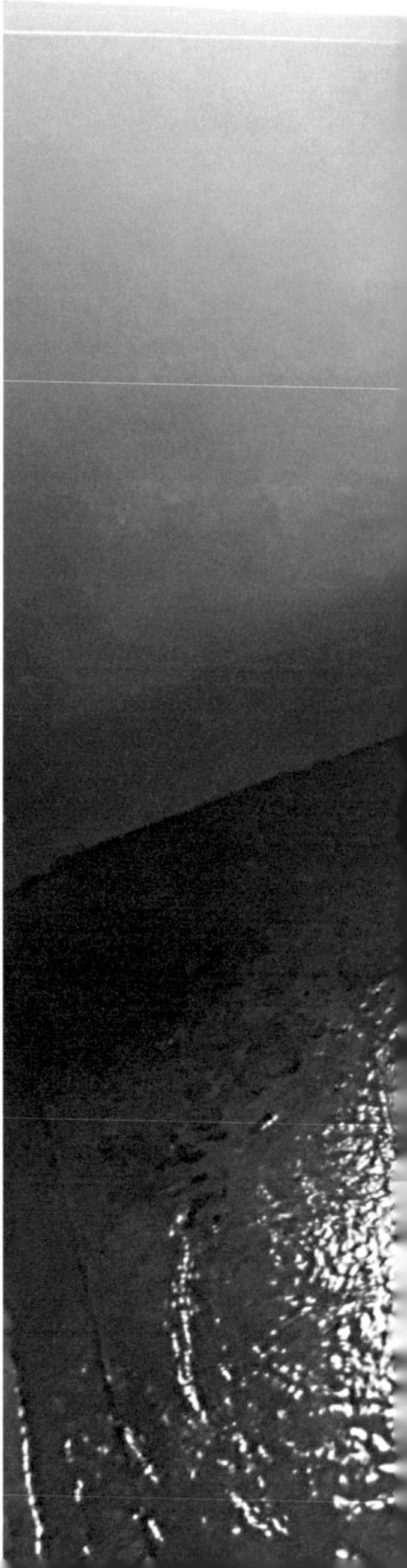

うたせ湯は外にあるからか、内湯よりは少しぬるめ

器具などが一通りそろっており、マイペースに過ごすことができる。しかも蛇口をひねると源泉が出るのだ。穏やかに流れるときもあれば、ブワシャァッ！　とスパークするときもあり、一度は引っかぶってビショビショになったが、好きなだけ温泉が飲める環境は贅沢だ。朝の目覚めに一杯、喉が渇いたら一杯、就寝前にも一杯。お茶を沸かす湯も温泉にして、心置きなく活用した。糖尿病や肝臓病に効くらしい。さらにWi-Fiも完備。流行りのワーケーションにも適している。

　一息ついたら、さあ湯小屋へ。実は「秀水湯」は、インスタグラムで「トド寝」と検索した際に見つけた宿である。疑うほど、ジャバジャバと温泉を吐き出していた湯口を、自分の肉眼で確かめねば。

ジャバジャバ温泉の床にトド寝　やる気マックス、からのゼロ（笑）

　湯小屋の外からも聞こえる、ザアザアザアと絶え間ないかけ流しの音。扉には、ナトリウム・カルシウム・マグネシウム－炭酸水素・塩泉と、長い泉質名が書かれている。さらに、脱衣所にある浴室の扉には、「温泉の湯気で洋服が濡れますよ」という注意書き。むしろ期待させられる！　建てつけの悪いガラス戸を、両手でガタガタやりながら開けたそこには……！

　四方八方、浴室のすみずみにまで、かけ流された湯に満ちあふれているではないか！　それは、サラサラ〜なんて生半可なレベルではなく、ザアザアというか、ジャバジャバというか、「私、排水溝に押し流されないよね？」と一瞬、躊躇してしまうほど。踏み出した一歩目がもう、温泉の床だ。スマホで撮ろうとするも、絶えず、激しく湯が動いているため、おもしろいくらいブレて見える。

　温泉の床にペタリ寝そべってみた。すぐ脇の浴槽から波打つようにあふれる湯圧まで感じられる。肩甲骨は灸を添えられたように温かい。湯の流れに身を預けると、気持ちまで清らかになっていく……そして最終的には、ダメ人間になっていく。

「ちっちゃいことは気にしない、ワカチコ〜ワカチコ〜」。あーあ、古いギャグまで頭の

中をめぐり始めたよ。こりゃもう、使いもんにならないな。

湯上がり後は指圧マッサージ ああ、最強のメンテナンス宿

施術をしてくれるのはご主人だ。「この腕もきてるね」「背中も硬いね」。一点一点、丁寧に指圧をしてくださり、グッと押される度に頭に響く。一通り終えると、スッキリ軽やかな体である。

夜も浸かり、朝も浸かり、指圧まで受けて居心地よく、離れがたく、結局、3泊4日もしてしまった。この夢のような温泉三昧ライフ、なんと直接連絡すれば、1泊たったの2700円。迷う理由はありません。あれこれよどんだ心身を湯に流しちゃいたいあなた！　さあ今すぐ、お電話を。

部屋では、蛇口をひねって好きなだけ源泉を飲むことができる。そのままだとマグネシウムの苦みがあり、沸かして淹れたお茶はマイルドな味わい

「妙見指圧治療院」入り口。ご主人のマッサージは、湯上がり後、とくに効きます

こんな人におすすめ！

☑ ジャバジャバ湯に清められたい
☑ 温泉とマッサージ、両方を希望
☑ 心身メンテナンスしたい

【住　所】鹿児島県霧島市隼人町嘉例川 4389-1
【電話番号】0995-77-2512
【行き方】「鹿児島空港」から隼人駅行きバスで25 分、「妙見温泉」下車、徒歩 4 分
【料　金】1 泊 2,700 円～

喝だ、喝！　熱湯と向き合う

まるで修行！
薬効高し　激熱温泉

激熱。それは、
「温泉は体があったまりますな〜」
という悠長なものではなく、
まるで修行のような集中力を要する湯。
「そんな温泉に、誰が入るの？」
と思われる方もいるかもしれないが、
実は激熱温泉は、高い薬効を伴うことが多い。

治療を目的とした湯治客も多く、
だから湯守は、効能を損なわないように
湯温の調節には細かく気を配っている。
激熱の湯を訪れる度、尊敬の念を込めて思う。
「ああ、入れない……」

―私がハマった激熱温泉

♨湯河原温泉「ままねの湯」（神奈川県）

♨博多温泉「元祖元湯」（福岡県）

♨長泉寺「薬師湯」（大分県）

息が止まるほど、激熱
医者に見放された皮膚病も治す

湯河原温泉　ままねの湯

神奈川県

冒険度	★★★★
ひなび度	★★★★★
清潔・キレイ度	★
リーズナブル度	★★★★★
クセ度	★★★★★

名湯を知る手段は、雑誌？　Web？
答えは、温泉好きに聞くのがいい

「温泉情報はどうやって知るの？」と聞かれることがある。答えは「温泉好きの方から」だ。フェイスブックやインスタグラムを通して、「○○温泉、よかったですよ！」「今度はここにも行ってみて」など、いろいろ教えてくれる。中には、誕生日におすすめの温泉画像を送ってくださる方もいて、毎年、玉手箱のような楽しみになっている。定形フォーマット化された情報より、間違いない。

湯河原温泉「ままねの湯」も、温泉好きの方から教えていただいた。

「激熱ですよ、入れるか、ぜひ試してみてください」

私はさっそく、挑戦状を受け取った気分で、「ままねの湯」を目指した。

皮膚病を治しに全国から訪れる
湯河原温泉の霊泉「ままねの湯」

湯河原駅に降り立つ。真冬の曇天。冷えた外気に身震いして、マフラーを巻き直す。駅前から出るバスに乗ると早いが、運動不足だったので歩くことにした。なだらかな坂の途中、和菓子屋でつまみ食いをしたり、目を細めて眠る猫にちょっかいを出しながら、テクテク進む。

「ままねの湯」は湯河原の最奥、ひなびた温泉街に湧いている。ゲートをくぐると、昭和にタイムスリップしたような、うらさびれた空間。人気のない道はまるで迷路だ。迷子になっていく子供のような不安と高揚を抱え、細い路地をくねくね進むと……湯治場を発見。これは見つけにくい。いやむしろ、見つけられることを拒んでいる。味のある筆文字で「ままねの湯」と書かれた看板。古木戸を開けると神棚が見える。建物の匂いか、温泉か、酸っぱい独特な匂いが鼻につく。

「ままねの湯」は、「医者に見放された皮膚病も治す」と言われる効能の高い霊泉だ。泉

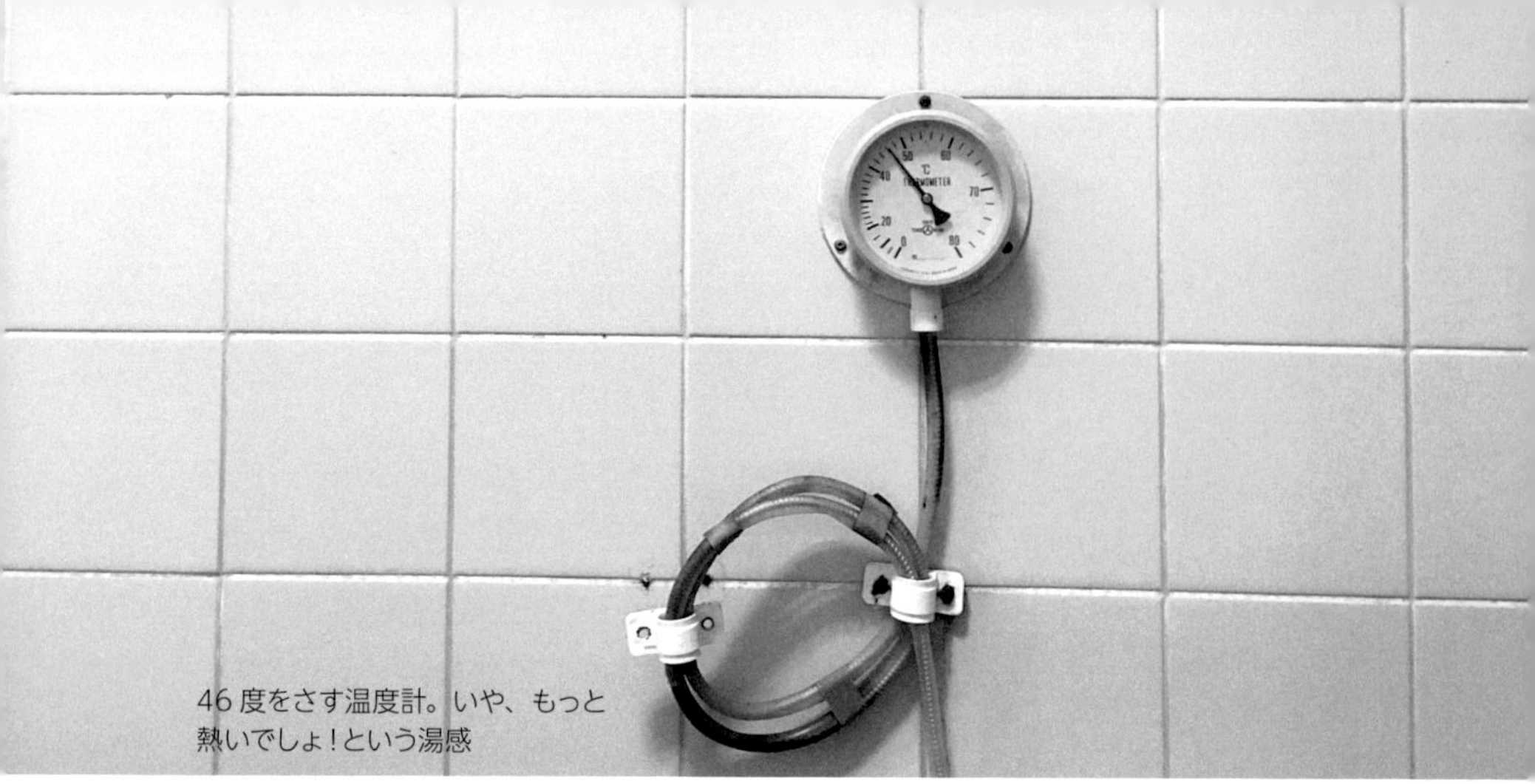

46度をさす温度計。いや、もっと熱いでしょ！という湯感

質は、ナトリウム・カルシウム－塩化物・硫酸塩泉。全国から湯治客が訪れる。

　レトロなタイル張りの階段を降りて、半地下へ。脱衣所はいたってシンプルで、細長く、冬場はとても寒い。うう、早く入りたい。すでに数人の入浴客がガラス越しに透けて見える。

猛烈！　皮膚が警戒する熱さ　常連に激励されて何度もトライ

　大理石だろうか。淡いピンクの浴槽には重厚感があり、うすく緑がかった白濁色の湯が溜まっている。さっそく水道水でかけ湯をし、入ろうとすると、常連のおばあちゃんに呼び止められた。

「しっかり体を洗わないといけないよ。石けんは持ってきた？」

　詳しく伺うと、「ままねの湯」は、源泉かけ流しではあるが、湧き出る量が少ないため溜まり湯になっている。石けんで体を洗ってから入浴することが暗黙のルールだそうだ。

「持って来なかった」と正直に伝えると、貸してくれた。裸で頭を下げる。さらに、「桶にお湯を溜めて冷ましておくと便利だよ」という慣例も教えてくれた。加水を避け、効能を保持するための湯治場の知恵だ。

　体をピカピカにして、いざ入浴。恐る恐るつま先を入れる……あまりの熱さにピリッと、皮膚が警戒する！　うおお、これは噂通り。湯温計を見ると46度だが、体感はもっと熱い。食塩泉の刺激によるものだろうか。一方、常連さん同士からは「今日はぬるめだね～」という会話が。マジか、尋常じゃない。

　浴槽の縁で躊躇し続ける私を見た常連さんが、「大丈夫、火傷しないから（笑）」と励ましてくれた。そ、そうだよな。グッと集中して再トライ。静かに体を沈める。呼吸も止まるほどの熱さ。熱すぎて、熱すぎて、身動きがとれない。じっと目をつぶって、波を立てないように押し黙る。強く握りしめた拳。力を抜いたら負けるだろう。気持ちはもうアスリートだ。

　他の客も皆、体を真っ赤にしながら、何度も入浴を繰り返していた。私も1時間ほど滞在していたら、

「あんたすごいよ、初めてなのにこんなに浸

かって」

お褒めの言葉をいただいた。そのおばあちゃんは慣れた雰囲気で、激熱の湯に悠々と裸体を泳がせ続けていた。

最初はどうなることかと思ったが、しっかり「ままねの湯」を堪能することができた。ピリつく熱さ、クセになるかも。

現在は、湯治目的の客のみ受け入れ霊泉の効能を守るための選択

「ままねの湯」は現在、立ち寄り湯的な利用は受け入れておらず、湯治客を優先して少ない湯量を守っている。当時は、「地元のおばあちゃんたちの楽しみがなくなる」という声もゼロではなかったし、私自身も「入れなくなるの？」と思ったが、必要な判断だったのだろう。それだけ「ままねの湯」の薬効は、人々の深い悩みを救う霊泉なのだ。

温泉一つひとつに、それぞれ異なる天命があり、湯守はそれを見極め、活かし続けるお仕事。自然の力と対峙し続けるその職に、頭の下がる思いがした。

レトロなモザイクタイルの階段を降りて脱衣所へ

昭和的な案内ゲート

つげ義春先生の漫画の一コマみたいな、細長い路地

こんな人におすすめ！

☑ 皮膚病、火傷を治したい
☑ 都内から近場で治したい
☑ 激熱湯に頼りたい

【住　所】神奈川県足柄下郡湯河原町宮上 616
【電話番号】0465-62-2206
【行き方】「湯河原駅」から、気分よく歩いたら30 分。だらだら歩いたら 50 分
【料　金】湯治については宿に問い合わせを

0.5度の違いにこだわる湯守の真摯さが、薬効を高める

博多温泉 元祖元湯

福岡県

元祖 博多温泉 元湯
奥博多温泉郷発祥の地
元祖元湯 由来記
"地蔵様のお恵ぐみによって"
この地一帯は古くから大陸交易の地であり
那の国でした。宣化天皇元年、九州の総督府
宮家(三宅)がこの地におかれ、清流那の川を
中心に集落が発生しました。元祖元湯の所在地
6月23日(日)
お休みします
元湯

冒険度	★★★
ひなび度	★★★★
清潔・キレイ度	★★
リーズナブル度	★★★★
クセ度	★★★★

福岡出張、仕事終わりにひとつ風呂 どこに行く？ どこがある？

真夏。夜中まで打ち合わせをし、企画書を詰めて、翌日の午前中に提案。やり切った解放感にあふれる、身軽な午後となった。グーグルマップを開き、点数高めの豚骨ラーメンを食べてみる。その後、溜まったストレスのためか、クレープがすごく食べたくなって、グーグルマップで検索、買い食いをした。お腹が満たされると、今度はひとつ風呂行きたくなった。夕方から始まる打ち上げ前に、浸かれるところはないかしら。

そもそもこんな博多の中心から行ける温泉なんて……あるある、二日市温泉だ。2度ほど訪れたが、すばらしい湯である。しかし今からでは時間が足りない（クレープに時間を費やしてしまった……）。そこで私は、グーグルマップではなく、ひなびた温泉研究所ショチョーのサイトを開いてみた。さすが、あるじゃん。「博多温泉 元祖元湯」。今いる場所からタクシーで20分もかからない。よし、すでにバッグにはタオル持参済みだ。

人知れず、住宅街に湧き続ける本格湯治霊泉「博多温泉 元祖元湯」

タクシー運転手に場所を伝えると、「聞いたことない」という返事。めちゃめちゃ街中にあるのに、地元の方には知られていないのか？ 大通りからひょいと入った住宅街に、「博多温泉」はあった。門構えも民家さながらで、「人さまの玄関では？」と躊躇《ためら》ってしまう。

しかし、看板に書かれた由来記を読むと、正統な温泉であることが分かる。昭和41年、お地蔵さまのたもとに井戸を掘ったところ、49度の熱い湯が湧き出した。その湯には、村人の病を治し、長寿を叶える力があったという。確かに入り口には、お地蔵さまが並んでいる。手を合わせて拝んでいると……

「ゴポゴポゴポッ！」

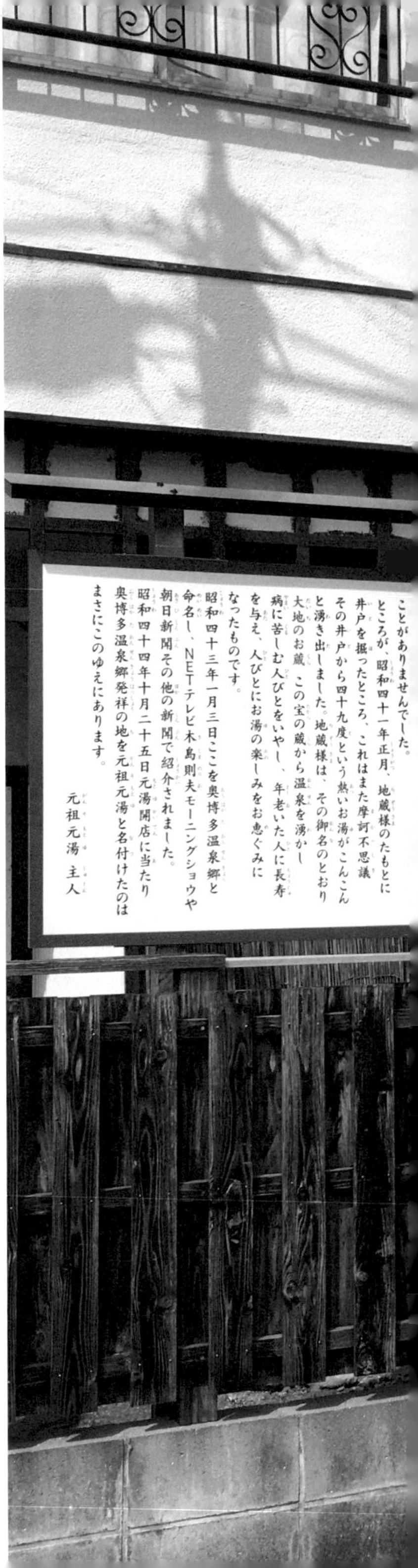

ことがありませんでした。
ところが、昭和四十一年正月、地蔵様のたもとに
井戸を掘ったところ、これはまた摩訶不思議
その井戸から四十九度という熱いお湯がこんこん
と湧き出しました。地蔵様は、その御名のとおり
大地のお蔵 この宝の蔵から温泉を湧かし
病に苦しむ人びとをいやし、年老いた人に長寿
を与え、人びとにお湯の楽しみをお恵ぐみに
なったものです。
昭和四十三年一月三日ここを奥博多温泉郷と
命名し、NETテレビ木島則夫モーニングショウや
朝日新聞その他の新聞で紹介されました。
昭和四十四年十月二十五日元祖元湯開店に当たり
奥博多温泉郷発祥の地を元祖元湯と名付けたのは
まさにこのゆえにあります。
元祖元湯 主人

勢いよく湯が吐き出される音が聞こえてきた。目の前のバラック小屋に浴槽があるようだ。中に入ると番頭台があり、壁に貼られた効能表には、見たことないほど数多くの適応症が書かれていた。

「お客さまは近所の方が多いですか？」

番頭の女性に尋ねると、

「いや、病気に悩む方が遠方から通って来られますよ。近所の人はそんなに利用しないかな」

なるほど、タクシー運転手も知らないわけだ。今男性風呂に浸かっている客も遠方から来訪し、今週3度目になるそうだ。

49度の源泉を加水なしで投入！逃げ場のない激熱湯で、精神統一

ゴツめの石で組まれた浴槽に、太めのパイプから源泉がゴポゴポ投入されている。温度は49度、加水なし。果敢に足先を湯に入れてみるが……うう！　無理。入り口には、水の入ったポリタンクが置いてあり、「熱かったら入れてくださいね」と番頭さんに言われたが、気休めにもならない。

床にも絶えず、浴槽からあふれた49度の湯が流れ続けているため、浴室の端の方に避難するしかない状況。すると、お隣の男性風呂から、泡の入った湯が流れてきた！　おおっと、排水溝が女性風呂にまとめられているわけか。ますます逃げ場がなくなる。

しかし、ここで「入れませんでした」では入浴料が無駄になってしまう。貧乏根性を引っ張り出し、意を決して、流れるように体を沈めた。途中で怯んだら、集中力が切れてしまう。ここは一気に、流れるように！

動かない、いや、動けない。肌がジンジン悲鳴をあげる。精神統一、そして湯に耐える。20秒数えて、逃げるように浴槽の外に出た。目に見えて肌が真っ赤だ。入浴療法には、「5分から10分浸かること」とあるが、初心者には無理だろう。飲泉も可能な食塩泉・単純温泉で、ほんのり塩気を感じる。だからより、刺すような浴感があるのかもしれない。

もう一度だけ湯に浸かる。そのタイミングで「ゴポゴポゴポッ」と力強く新鮮な源泉が投入された（涙）。目をつぶり、無心になれ、無心になれ、と唱えながら20秒数えて……

熱々の体を引き揚げた。

しばらく脱衣所の長椅子で呆ける。窓から吹き込む真夏の熱風さえ、涼しかった。

湿疹、リウマチ、何でも引き受ける プロの湯守の腕があってこそ

「浴槽に入るお湯も、やっぱり49度ですか？」

湯上がり後、改めて番頭さんに尋ねたら、

「パイプを通ってくるから、湯口付近では、48・5度かな」

と返ってきた。驚いた。0・5度の差もあやふやにしない、その答えに、源泉と向き合う湯守の真摯な姿が見えた。

夜の打ち上げ時、博多の方々に「博多温泉元祖元湯」について尋ねてみたが誰一人知らず、狐につままれたような気分になった。

ふらっと立ち寄れる場所にありながら、地元の人にも知られていない本格霊泉。今度浸かりに行くときは、歳を重ねて、身体が動かなくなったときだろうか。そんなことをぼんやりと考えながら、もつ鍋をおかわりした。

入り口のお地蔵さまは、昔の飢饉に由来するようだ。しっかり手を合わせる

気休めのポリタンクの水。うすめるとか、そういうレベルの熱さじゃない

脱衣所で熱を冷ます。真夏の熱風さえ涼しい

見て！　この真っ赤な足。ペディキュアと同じ色に肌が悲鳴をあげている

こんな人におすすめ！

- ☑ 病を本格的に治したい
- ☑ 激熱温泉で薬効を得たい
- ☑ 真摯な湯守にお会いしたい

【住　所】福岡県福岡市南区横手３丁目6-18
【電話番号】092-591-6713
【行き方】天神、博多の中心街からタクシーで20分。住宅街の中なので迷う可能性あり
【料　金】13時～15時:600円／15時～17時：500円／17時～18時：400円

この熱さ、源泉礼讃
龍巻地獄で全身、喝っ!

長泉寺　薬師湯

大分県

別府に湧く長泉寺の「薬師湯」
え? 熱湯コマーシャル?

「うわ、熱い、ヤバいぞこれは」
「俺無理だわ」
「いや、がんばれよ」
「やめろよ、お前マジ、やめろよ!」

湯小屋から漏れる男性2人のかけ合い。熱湯コマーシャルでもやっているのか? と思うような会話を、私は外のベンチで曇り空を眺めながら聞いていた。熱い湯は得意じゃないんだけどなあ……入れないかもしれないなあ……。しかし、ここまで来たら引き返せない。

昨夜泊まった鉄輪《かんなわ》温泉の宿で、バイトをしていた大学生に、「このあたりに変わった温泉はないか?」と尋ねたところ、お寺に湧く立ち寄り湯があると教えてくれた。ワクワク軽い気持ちで訪れたのだが……。「長泉寺　薬師湯」は、修行のような熱さで喝入れしてくる、とんでもない温泉だった。

冒険度	★★★★
ひなび度	★★★★★
清潔・キレイ度	★
リーズナブル度	★★★★★
クセ度	★★★★★

龍巻地獄からの引湯はここだけ 寺院らしく、入浴料はお賽銭

鉄輪温泉の中心からタクシーで向かった。

おっとその前に。営業しているか、事前に電話を入れる。やわらかな男性のお声。ご住職だろうか。

「私は今いないけれど、うちの者がいるから尋ねてくださいね」

長泉寺は、別府市亀川野田にある。別府といえば地獄めぐりだ。海地獄、血の池地獄、白池地獄。その中の一つ、龍巻地獄から湯を引いている唯一無二の立ち寄り湯が、「長泉寺 薬師湯」だ。1044年から続く歴史ある寺院で、後冷泉天皇の湯治が発端と言われる。広い寺院ではないが、深い緑の中、ズラリと並んだお地蔵さまには、厳粛な空気が流れている。ご本尊は薬師如来さまだ。

境内の脇を抜けた先に社務所がある。ご住職のお母さまだろうか、「電話くれた人？」と声をかけてくださった。記帳し、いわゆるお賽銭が入浴料になるのだが、お賽銭なので、決まった額はないとのこと。おもしろい。

白い湯小屋はご住職の手作り

お賽銭と言われれば5円や15円を想像するし、入浴料と考えると200円や300円が相場だろうか。少し考えて、多めに気持ちを添えた。

龍巻地獄から引いた源泉105度 修行レベルの熱さ、全身に喝っ!

境内に、白い壁の湯小屋がある。窓が開け放しになっていて、隙間から中をのぞくこともできてしまう。ご住職が手作りしたそうだ。私の前に男性2名が入浴しており、「熱っ! 熱い!」と声がだだ漏れている。

完全貸切入れ替え制。ベンチに座って順番を待っている間、地獄の湯に苦悶する男性たちの声を聞きながら、心の準備をしていた。

入れ替わりで湯小屋に入る。野趣あふれる雰囲気だ。気合いを入れて服を脱ぎ、かけ湯を試みようと、手でそっと湯に触れてみる。えっ、これは熱いわ!!!! 嘘でしょ、どうやって入るの? 私は真っ裸のまま、フリーズしてしまった。源泉温度はなんと105度。その湯を加水することなく提供しているのだから、引っ張ってくる間に調節しているとはいえ、いやいや熱い。つーか、人間の皮膚は大丈夫なのか? 「これぞ地獄」と言わんばかりの激熱霊泉が、私の前に立ちはだかる。

しかも「長泉寺 薬師湯」は、加水できる仕組みが一切なく、写真のとおり、桶に源泉を溜めて冷まし、その湯で温度調節をするのみ。今桶に入っている湯は……ぜんぜん熱いやん! つい先ほどまで入浴客がいたのだから、そりゃそうだ。恨めしい気持ちになる。

なんとか桶で冷ました薬師湯で、かけ湯を達成。前進はしたが、浸かる勇気がなかなか湧かない。15分くらい経っただろうか。負けない! と覚悟を決めた。そろ〜っとではなく、ここは一気に。「薬師湯」との決闘のゴングを鳴らす。

1回目はアウト。くじけてしまった。しかし2回目のトライで、浸かることができた。身動きせず、10秒数える。湯はサッパリ肌触りのよい酸性というが……正直分からん。なるほど、これは湯との戦いではない。甘ったれた自分と向き合い、限界を広げる、まさに修行なのである。

最後にもう一度だけ、10秒浸かって浴槽から上がった。さすがに3度は無理だ。名残り惜しいが、達成感はあった。

「薬師湯」から教わる源泉礼讃
癒やしだけが、温泉じゃない

着替えていると、長泉寺のお母さまが湯小屋の戸を叩いて、「大丈夫？」と声をかけてくださった。30分くらい浴室にいたようで、そんなに長く入る人はいないという。湯小屋を出ると、スカッと外気が気持ちいい。地獄からの生還といったところか。曇り空にも切れ目が入り、午後は青空が広がるだろう。

「長泉寺　薬師湯」は、万病に効くと伝えられる。加水を許さず、激熱のまま提供し続けるこだわりは、霊験あらたかな源泉への礼讃だと思った。ときにその湯は、緩んだ精神に喝を入れ、日常を生き抜く活力をも引っ張り出してくれる。「癒やされる」だけが、温泉じゃない。


湯上がり後、別府鉄輪の「ここちカフェむすびの」へ。地獄からの生還……

緑豊かで、居心地のいい寺院。本堂のてっぺんには大きな鐘が吊り下がっている

湯小屋の中に、木製のお地蔵さま。真っ裸で、頭を下げる

バケツに溜めて湯を冷ます。パッと見、泥水（笑）

こんな人におすすめ！

☑ お寺に湧く温泉に興味がある
☑ 激熱湯で喝入れしたい
☑ 地獄に浸かってみたい

【住　所】大分県別府市亀川野田 800-6
【電話番号】0977-66-4013
【行き方】鉄輪温泉の中心からタクシーで 5 分。歩いたら 40 分ほど
【料　金】お賽銭（不定休なので事前連絡がおすすめ）

温泉は、地元の方の宝物だ！

源泉パワーをおすそ分け 地元共同湯

暮らしの中に、温泉が湧いている町がある。
脱衣所に風呂道具を並べて、
夕方になると数百円を払って浸かりに来る。
常連さん同士のおしゃべり。
共同湯とともに生活が回っている。

旅人である私たちは、
地元の方々の宝物である温泉を

おすそ分けしてもらう部外者だ。

ときに大型リゾート旅館が
自分の敷地に大量の湯を引くこともあるが、
あれは色気がないと思う。

温泉は、ただそこに流れている熱い湯ではなく、
地元の人々が守り続け、築き上げてきた文化だ。
その歴史を忘れることなく、
さあ感謝を胸に、頭を下げて湯に浸かろう。

―私がハマった地元共同湯

♨ 熱海温泉「山田湯」（静岡県）
♨ 飯坂温泉「大門の湯」他（福島県）
♨ 日当山温泉郷（鹿児島県）

路地裏のタイル風呂
ふつうに、飾らず、最高の仕事をなす名湯

熱海温泉　山田湯

静岡県

冒険度　★
ひなび度　★★★★
清潔・キレイ度　★★★
リーズナブル度　★★★★★
クセ度　★★★

え〜今さら熱海温泉？ いいえ、舐めちゃいけない熱海温泉

「温泉といえば、熱海だよね」という人を、下に見ていた節がある。分かっていないなあ、これだから素人は。日本には熱海以外にも、いろんな湯が山のように湧いているんだよ。しかしその後、私は熱海温泉の真髄に浸かり、平手打ちを喰らうような衝撃を受けることになる。

　真冬、すっかり日の暮れた道を帰る、湯上がり後。あんなに冷えてガタガタ震えていた体が、芯からホカホカ、汗がだらだら。首にぐるぐる巻いていたマフラーもリュックにしまい込み、自販機で買った炭酸水を真夏のように流し込む。クゥッ、うまい。カチンと冷えた風さえ、頬にピシパシ当たると爽快に感じる。足取りも軽く、調子がいい。気分もいい。今ならどこまでも歩いて行けそうだ。ああ、こんな体感が得られるなんて、最強じゃないか、熱海温泉。まいりました、私が素人でした。舐めたこと言ってすみません。

大型リゾート旅館の脇で 源泉かけ流しを守る地元湯の存在

　温泉番付でも常に上位にある熱海温泉だが、昨今、源泉かけ流しを守る宿は減っているとも聞く。大型旅館を維持するためには、循環に頼らざるを得ないのかもしれない。自家源泉を所有し、良質な熱海温泉を提供している宿ももちろんあるが、比較的、高級旅館が多い印象だ。ほぐされるどころか、肩身の狭さを感じ、逆に肩がこってしまいそうなラグジュアリー旅館。私は心の内で、勝手に「おすまし宿」と呼んで区分けしている。すっぴんよりフルメイクが似合う宿のこと。雨風に丈夫なリュックや、どこまでも歩けるスニーカーより、ボストンバッグやヒールが似合う宿のこと。いやもう、ダラけさせてくれって感じで。

　話を元に戻す。そんな「おすまし宿」とか

け離れた私でも、熱海温泉を源泉かけ流しで体感できる最強の場所がある。しかもたった300円で。それが、共同湯「山田湯」である。

地元民にも、温泉好きにも愛される「山田湯」は活気を失わない

観光客の数は右肩上がりの熱海温泉でも、利用者の減少、管理者の不在、激しい老朽化など、さまざまな理由で、閉鎖をよぎなくされる共同湯が増えている。外来入浴をやめた浴場もあるため、私のようなお一人さまが楽しめる共同湯はますます減っているようだ。そんな中、地元の方にも愛され続け、懐深く観光客を受け入れている「山田湯」は、いつでも活気づいている。

熱海駅から30分は歩く。「熱海金城館」という大型旅館の先を右折すると、食事処「みのる亭」が見え、その先の細い路地をくねくね右に入り、少し歩くと右手に駐車場、民家の一角にあるのが「山田湯」だ。グーグルマップに頼り切った現代人は、今一度、自分の勘を研ぎ澄まさなければ、たどり着けないかもしれない。外観は「え、ここ、温泉?」と見まがうほど、何の変哲もないアパートのような装いだ。入り口にある、男湯、女湯という暖簾がなければ、通り過ぎてしまうだろう。

変な主張も、飾り気もないなのに名湯、それがカッコいい

番台で入浴料を支払い、脱衣所へ。荷物入れと洗面台、簡素なベンチ。奥の浴室からは、地元のおばちゃんたちのケラケラと笑うおしゃべりが聞こえてくる。もたもたと服を脱いでいると、

「気持ちいいよ、早く入んな~」

と声をかけてくださった。入る前からほっこり和む。

淡いピンクのタイルで彩られた浴室には、内湯が一つ。壁には、オランダを想起させるような風車のタイル画が描かれている。熱海で異国情緒? 不思議な空間だ。

お湯はもちろん源泉かけ流し、正真正銘の熱海温泉だ。サッパリとした浴感で、塩化物泉ならではのベトつき感がない。湯口からド

ポドポと注がれ続けているのを見て、もったいなく思い、蛇口を締めようとしたら、

「いいの、いいの、そのまま流しておけばいいんだからぁ」

　地元の方に止められた。新鮮な源泉を惜しみなくあふれさせて浸かる、この贅沢さ。さらに源泉は56度と熱く、加水して浸かるのだが、以前、「山田湯」が開く直前に訪れたとき、管理のおばさんが、

「間違って、男湯は源泉を出しすぎて熱くなっちゃった！　女湯は加水しすぎてぬるくなっちゃった！　やだ〜」

と騒いでいて、実際、本当にぬるかった（笑）。でも浸かっていたら、ジワジワと……あっという間に熱くなって驚いた。「山田湯」の圧倒的な湯力。ちょっとしたミスなんかでヘコたれる湯ではないのだ。

　湯上がり後はドッと汗が吹き出て、いつまでも芯から熱い。熱海温泉の特徴だが、とくに「山田湯」はそのパワーを強く感じられる。以来、体にダルさを感じたり、シャキッとしたいときはお世話になっている。飾らず、平然と、ただ当たり前によい仕事をなす名湯。そんな人間に、私もなりたい。

「山田湯」へ向かう細い路地。駅から離れると、ノスタルジックな景色と出会える

湯上がり後は、昭和レトロな「喫茶プリン亭」の朝焼きプリン。看板が秀逸すぎて、無視できない(笑)

謎の自販機、見つけた。これ自体がアート作品

こんな人におすすめ！

☑ 熱海温泉をまだ源泉で体験していない
☑ ダルさをシャキッとさせたい
☑ パワフルな湯に浸かりたい

【住　所】静岡県熱海市和田町 3-9
【電話番号】0557-81-9635
【行き方】「熱海駅」から歩いて 30 分。方向音痴の場合は、その限りではない
【料　金】入浴　大人 300 円、小人 150 円、幼児 80 円／洗髪プラス 50 円

親戚のおばちゃんみたい（笑）九つの共同湯に元気をもらう

飯坂温泉　大門の湯他

福島県

冒険度	★★
ひなび度	★★★
清潔・キレイ度	★★★
リーズナブル度	★★★★★
クセ度	★★

「大門の湯」

台風が来ても、震災が起きても 変わらぬ強さが飯坂温泉にはある

「寄らんしょ来らんしょ　まわらんしょ　ササカ　サカサカ　飯坂へ」。三味線の爪弾かれる音に乗って、部屋中に響く宿主の力強い歌声。夕食のテーブルにつきながら、私は飯坂小唄を聞いていた。コロナ禍のこと、東京から来る人間は嫌がられるかなと懸念していたが、飯坂温泉の人々は何事もない雰囲気で受け入れてくれた。

台風のときも震災のときも、どんなときも客を迎え入れ、地元に湧き続ける湯を分け与える。それが当たり前の町だから、生活というものだから、昨今の流行りウイルスにもきっと負けないのだ。

小池都知事から、高齢者そして基礎疾患のある人に自粛要請が出されて間もない12月。私は一人、飯坂温泉を訪れた。

「奥州三名湯」として重ねた歴史 さびれた雰囲気は否めない――

飯坂温泉は、鳴子温泉、秋保温泉と並び、「奥州三名湯」の一つとされ、歴史は古い。ヤマトタケルが入湯したという逸話や、松尾芭蕉や与謝野晶子も訪れた軌跡が残っている。当時は200人以上もの芸者を抱えていたそうだが、バブル崩壊により、今では指折り数える程度という。さらに東日本大震災により、いくつもの旅館が閉業。正直、さびれた雰囲気は否めないが……ようやく最近、上品な石畳も敷かれ、パンケーキや珈琲を出すお洒落カフェも増えてきた。若い子の姿もチラホラ。

一方、真っ黒なパーカーにジーンズ、リュックを背負ったすっぴん姿の私が目指すのは、地元に愛され続ける共同湯だ。なんと飯坂には、九つもの共同湯が、昔と変わらず湧き続けている。

八幡の湯

最初に訪れたのは「大門の湯」
飯坂温泉パワーの洗礼を受ける

「大門の湯」は高台にあり、冬でも汗ばむ傾斜を上る。「はいらんしょ」と書かれた木製看板が目印だ。目の前は開けて見晴らしがよく、福島盆地を一望することができる。

暖簾をくぐり、自動券売機で入浴券を購入。「朝一番時の浴槽温度は54・1度」と書かれたホワイトボードが、熱い湯として名を轟かせる飯坂らしさを感じさせる。

ふと横を見ると、「お願い」と書かれた張り紙が目に飛び込んできた。

「一般の方々は熱い湯が苦手ですので、入ってこられたときには、湯の温度を適温（43度位）にするよう、町民の皆さまのご協力をお願いします」

地元民を優先する内容の張り紙はよく見るが、その逆で驚いた。飯坂の気遣いに感激していると、先に入浴していたおばあちゃんが気さくに話しかけてくれた。

「今日はどうしても朝から入りたくて、旦那が○○に車で連れて行ってやるよって、だけどやっぱり私はお風呂に来たくてね～」

福島訛りで聞きとりづらい部分もあったが、多分こんな話。警戒心なんて一切ない、裸でしれっと始まるおしゃべりにホッとした。

美しい小判型のタイル風呂だった。五つの源泉の混合湯が、真ん中の筒から注がれ続けている。無色透明のアルカリ性単純温泉。凍えた足先や指先が、ジンジン痺れる熱さだが、入れないことはなかった。メタケイ酸が豊富に含まれているため、湯温の割には入浴できてしまうらしい。深めの浴槽にどっぷり全身を浸す。キリッとした浴感を想像していたが、実際はすべすべとした、とてもやわらかな肌触りだった。は～いい湯だ。大きな窓からさし込む冬の日差しも清々しい。

滞在は40分ほど、番台に挨拶をして外に出た。湯上がり後に一望する景色は、いっそう清々しく感じた。

1泊2日では回り切れない
また来たい、親しみの湧く共同湯

次に訪れたのは「切湯」。元々は切り傷に

効くから「切湯」。半地下のような場所にあり、摺上川沿いに、隠れるようにある浴室がおもしろい。浴槽の湯温は49度。全身に電気が走るような熱さだった。しかし、地元の方々は桶でバシャバシャ、若い娘さんまで、頭から湯をかぶっている。皮膚の鍛えられ方がぜんぜん違うと思った。

　翌朝は、日本最古の木造建築共同湯として親しまれてきた「鯖湖湯《さばこゆ》」へ。天窓からさし込む朝日が神々しい。すでに3人のおばちゃんが浸かっていたが、まだまだ揉まれていない湯は熱かった。短髪のおばちゃんが「あんた、細っこいね」と話しかけてくれた。

「私なんか体重60キロから減らないよ。仕事を始めてからはぜんぜんだ」

「何のお仕事ですか？」

「え？　ふふ、土工だよ」

　いたずらっぽく笑う姿に、私は思わず「かっこいい！」と裸で叫んでいた。

「八幡の湯」にも足を運んだ。大量の湯けむりで浴室は真っ白。ヘリにぺたりとお尻をつけて、昨日今日で回った共同湯を反芻する。

　いろんな共同湯を訪れているが、飯坂の親しみやすさはダントツ、まるで親戚のおばちゃんみたいだ。旅人と肩を並べて湯に浸かることを、長年積み重ねてきた歴史の賜物なのだろう。これこそ、真の「共同湯」なのかもしれないな。

福島盆地を見渡せる、「大門の湯」からの見晴らし

「はいらんしょ」と、福島の方言で
書かれた木製看板にグッとくる

飯坂温泉共同湯のシンボル「鯖湖湯」

こんな人におすすめ！

☑ 熱い湯が好き
☑ 共同湯めぐりに興味がある
☑ 地元の方との触れ合いが好き

【住　所】福島県福島市飯坂町など
【電話番号】024-542-4241（飯坂温泉観光協会）
【行き方】「飯坂温泉駅」から、どの共同湯も歩いて回れる
【料　金】入浴　大人200円、小人100円

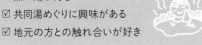

維新志士たちの活力湯
合い言葉は「ごゆっくり～」!?

日当山《ひなたやま》温泉郷

鹿児島県

日当山温泉郷は地元湯の聖地！
徒歩圏内に大衆浴場がたくさん

どこからどこまでが日当山温泉郷か分からない。天降川の河口の両側には、それほど数多くの大衆温泉浴場が点在している。西郷どん湯温泉、しゅじゅどん温泉、清姫温泉、吉田温泉、岡元温泉エトセトラエトセトラ。西郷隆盛が愛した温泉地としても知られ、大事な決断のときにも浸かったと言われている。

町中では、西郷さんの逸話を記した看板やキャラクター像もたくさん見られる。また坂本龍馬夫婦が、新婚旅行の際に立ち寄ったとも言われ、維新志士たちの活力湯として、日本の歴史にも貢献してきた。

私もぜひ、湯のパワーにあやかりたい。さっそくタオル片手に、霧島は隼人町を歩き回ることにした。

1湯目は、しゅじゅどん温泉
まさかのぬる湯、霧島火山の奥深さ

早口言葉にしたら噛んでしまいそう。藩政

温泉銭湯というより宿の浴場の雰囲気の
日当山温泉センター

時代、日当山の地頭だった「侏儒どんさん」が由来の大衆浴場だ。脱衣所に貼られた効能書にはでかでかと、神経痛、神経炎、ヒステリー、神経衰弱の文字。ほう、都会に疲れた現代人によさそうである。

湯に肌を浸して、驚いた。霧島火山の温泉はドンッと熱い湯を勝手に想像していたものだから、長湯できるほどのやさしい浴感に不意をつかれた。源泉は40・7度。ぬるんとして、手のひらや太腿をすり合わせると、なめらかにすべっていく。

浴槽は三つに分かれている。源泉が注がれる上湯、湯口から距離を起いた下湯、そして底の浅い寝湯用の浴槽だ。月曜日の午前中から、地元のおばちゃんたちが次々にやってきて、挨拶を交わし、身体を洗い、脚を揉み、上湯に浸かっては源泉を肩に落としていた。私も真似をして、下湯で身体を温め、寝湯に座ってストレッチを繰り返していたら、一人のおばちゃんが「ごゆっくり〜」と声をかけてくれた。ほっこり、やさしい気持ちになる。

「温泉は、心身を清め疲れを癒やし明日の活力を与えてくれる天然自然の憩の泉であり大

無色透明のしゅじゅどん温泉。広めの浴室でガラス窓も大きいから、やわらかな光がたっぷり入ってくる。尊い……

切にし、お互いに気配りをもって入浴しましょう」

浴室に貼られた入浴の心得に、深くうなずく。

2湯目は、日当山温泉センター 広々とした岩風呂、心地よい春風

日当山温泉センターは、宿泊施設としても機能しながら、地元の常連さんが多く活用する浴場だ。どんと構えた岩風呂が特徴的で、比較的、人数は多くないように感じる。

湯質がまたいい。しゅじゅどん温泉より熱めでありながら、化粧水のようなやわらかさを保持している。湯船は広く、端っこの方は少し湯温が下がり、湯を吐き出す筒の近くはしっかり熱い。あっという間に汗をかく。大きめの窓からスーッと流れ込む春風が爽やかだ。そしてここでもまた、地元のおばちゃんが「ごゆっくり～」と朗らかに声をかけてくれた。

ランチは隼人駅の方へ出て、豚骨「とくだラーメン」をいただいた。店の外観を撮っていると、常連のおじちゃんが「一緒に撮ってやろうか？」と声をかけてくれた。鹿児島の方はやさしい人が多いなあ。

「どっから来たの？」

「あ、東京です」

「ええっ⁉」

こちらが驚くほど、めちゃめちゃ驚くおじちゃん。そしてボソッと呟いた。

「ここのラーメン、有名店だったんか……」

岡元温泉と西郷どん湯温泉で 心身にみなぎる明日への活力

3湯目は、天降川を渡ったところにある岡元温泉。岡元はきもの店が営む大衆浴場だ。静かな住宅街の中にひっそりとある。

脱衣所にある泉質表の源泉名は隼人温泉。日当山温泉とは別物かな？　と思ったが、調べてみると、湯質の分類方法が古いだけで、泉質的には同じようだった。

だがしかし……しゅじゅどん温泉と同じ泉質とは思えないほど、熱いよ！　源泉温度は48度。湯口から遠い手前の浴槽にはなんとか

入れたが、源泉がドバドバ注がれている浴槽の方は、足を入れた瞬間ビリビリッと電気が走るような浴感がして、体が怯えた（涙）。一方、湯上がり後は不思議なほど肌表面がサッパリとしていて、冷涼感もある。こりゃ夏にハマりそうな湯だなあと思った。

最後は、観光客にも人気の西郷どん湯温泉へ。建物の壁にも西郷隆盛の絵が描かれていて、分かりやすい。

お客さんも途切れることがなく、浴室内では、常連さん同士で、足の弱いおばあちゃんを支えてあげたり、湯垢のついた椅子を率先してタワシで洗ったり、助け合う光景にたくさん出会った。そしてここでもまた、「ごゆっくり～」と声をかけてくれた。いつも自分のことばかりな私は、襟を正される思いがする。いやはや、もう少し真っ当に生きねばならないな。

2日かけて日当山温泉郷を歩き回った私は、心身を清められ、疲れを癒やされ、明日の活力をしっかりいただいて帰路についた。

他の共同湯よりも空いているかも？　穴場？な岡元温泉

日当山温泉郷の入り口に立っている、西郷隆盛像

西郷どん湯温泉

こんな人におすすめ！

☑ ぬる湯も熱い湯も楽しみたい

☑ 維新志士も愛した湯に浸かりたい

☑ 地元の方のやさしさに癒やされたい

【住　所】鹿児島県霧島市隼人町内

【行き方】「鹿児島空港」から隼人駅行きバスで40分、「木之房」下車

【料金・電話番号】

- しゅじゅどん温泉　大人200円、小人100円（0995-42-3816）
- 日当山温泉センター 大人250円、小人100円（0995-42-6854）
- 岡元温泉 大人200円、小人50円（0995-42-0339）
- 西郷どん湯温泉　大人250円、小人100円（0995-43-3870）

自分の身は自分で守ろう！
お一人さま逃亡温泉の旅で注意すること

興味はあっても、「不安でまだ実行したことがない」という声をよく聞きます。私なりに気をつけていることを挙げることで、少しでも不安を取り除くことができれば……！

3時間は歩き続けられる靴

「休日はバス運行休止!?」「ここまで来ればタクシーがあると思ったのに……」。地方に赴くとよくあります。そんなとき、頼れるのは自分の足。ヒールやサンダルは言語道断。疲れにくいスニーカー選びが重要です。

やさしそうな人でも、知らない人の車には乗らない

道を歩いていると、ご厚意で、「乗せてってあげるよ」と声をかけてくださる方もいます（一度、バイクの後ろに乗んなよと言われたことも……！）。足が棒のように疲れていると、甘えたくなるのですが……絶対に乗らないようにしています。保証はないですもんね。

混浴風呂は時間差を狙う

混浴は日本の温泉文化の一つ。正直いい湯が多い。でも……やっぱり入りづらいですよね。私は、チェックインより少し早めに宿に入ったり、他のお客さんの朝食時間を狙ったり、行動をズラしています。事前に、宿の方に相談するのも◎。自慢の湯を体感してほしいと願う湯守の方なら、快く相談に乗ってくれるはずです。

道や時刻表に迷ったら、駅員、運転手、地元の人を頼る

私自身、方向音痴で、時刻表を見るのも苦手なので、すぐ周りの方に尋ねるようにしています。間違ったままでいると、本日の運行は終了、なんてこともありますから。重要なのは、自分を過信しないことです（笑）。

現金を忘れずに

クレジットカードや電子マネーが、まだ普及していない地域がたくさんあります。JRから改札を出ずにローカル線に乗って、降りた駅は「現金のみ」なんてこともありました。そのときは、小銭をかき集めてなんとかなりましたが……。以来、旅は現金派です。

体の内側からも整えて、立て直そう

隠れたお目当て

リセット温泉粥

ラーメン、カレー、パスタ、ケーキ。
カタカナメニューは何でもおいしい。
ワンプレートでいただけるから、
平日の昼間、時間がないときでも、
注文すればサッと出てきて、重宝する。

休日に喫茶店で頼むケーキは、
もはや読書の相棒だし、

「おい、アイスあるぞ。おまえの分もあるぞ」
という真夜中の旦那のセリフは、
どうやっても抗えない誘惑だ。

気づいたら、
お腹が張って、体重がズバンと増えている。
いかん、このままでは、いかん。
何より、脂っこさを欲する舌になっている。

温泉粥で、リセットせねば。

――私がハマった温泉粥

♨ 塩原元湯温泉「ゑびすや」（栃木県）
♨ 越後長野温泉「嵐渓荘」（新潟県）
♨ 岩倉温泉（秋田県）

その湯、胃薬でした 塩原最古の源泉を味わう

塩原元湯温泉 ゑびすや

栃木県

仕事しながらお菓子ボリボリ ストレスが溜まると食べちゃう

パソコンに向かいながらポテトチップスを食べる。甘いものを欲し始めると、スイーツを買いにコンビニに向かう。そしてまた、塩っぱいものを求めるというエンドレスループ。まさに、ストレスのせいによる負のサイクル！ 体も重く、動くこと自体が億劫になっている。あーもう！ ……アイス食べたい。ジムや筋トレ的なものは一切続いたことがない私。さて、どうするか。まずは、この濃い味覚を欲する舌をリセットしなければならないだろう。実はそんなときにも、お一人さま逃亡温泉が役に立つ。

凍結した山道を越えていく 秘湯・塩原元湯温泉「ゑびすや」

那須塩原駅からバスに乗り、1時間以上かけて奥塩原温泉郷へ向かう。少しさびれた雰囲気を醸す観光地だ。さらに塩原温泉元湯「ゑびすや」へ向かうには、山奥を進まなけ

冒険度	★★★★
ひなび度	★★★★★
清潔・キレイ度	★★★
リーズナブル度	★★★★★
クセ度	★★★★

「ゑびすや」名物、朝の温泉粥。炭酸水の力で、もっちもち、ふっくら

ればならない。歩くことも考えたが、道が凍結した真冬は、タクシーすら、慣れた運転手でなければお断りするという。

「素人は躊躇する、それがいけねぇ」

栃木訛りの運転手に身を預け、アイスバーンの急坂を駆け上がる。アクセル全開。気を緩めるとタイヤが後ろに滑ってしまう、スリリングな道程に、頭ごうんごうんだ。

15分ほどして集落に到着。その一角が、100年以上湯治宿を営む老舗「ゑびすや」だ。チェックインには少し早かったが、にこにこ顔のおばあさんが、中をのぞき込む私に気づいて迎え入れてくれた。ジンジンに冷えた足先を暖房で温める。生き返る。

塩原唯一の間欠泉「弘法の湯」そして塩原最古の湯「梶原の湯」

案内された部屋で浴衣に着替え、さっそく温泉へ。真っ白な硫黄の結晶が、浴室の扉の縁をびっしりと埋めている。まるでアートだ。キラキラと輝きを放ち、成分の濃厚さを主張している。

「弘法の湯」

「ゑびすや」の源泉は二つ。52度と熱めの「孔法の湯」と、塩原最古の湯「梶原の湯」だ。どちらも硫黄を含む塩化物・炭酸水素塩温泉だが、有名なのは「梶原の湯」だろう。長湯向きの38度のぬる湯で、大正時代には、胃腸病に効くとして、長命丸という胃薬の販売認可もおりていた。今も、飲泉による効果は評判高い。私も今回、名物の温泉粥でジャンクな舌を変えようと思っている。

ただ残念ながら「梶原の湯」には、女風呂から通ずる扉を開けて、混浴風呂に行かねばならない。女湯時間も設けられていないため、ハードルも高い。様子を見ることにして、まずは「孔法の湯」を堪能しよう。

プンプンと硫黄の香りが充満した浴室。クリーム色の湯は、光の加減によって、グリーンにもブルーがかっても見える。ヒノキの浴槽に絶えずかけ流されている湯は心地よく熱く、加水すると、底に溜まった湯の華が舞う。最初だけ我慢して浸かれば、すぐに全身が慣れてくる。

「あ〜」、気持ちよさを声に乗せて力を抜けば、筋肉も頭もほぐれていく。天窓からは真冬の空気が忍び込み、火照った頬をなでていく。家では味わえないパラダイスへ。

名物・温泉粥の粘り気と塩気 お腹を満たしながら、舌をリセット

「ゑびすや」名物、朝の温泉粥。このツヤめき、この輝き！ ヘラで持ち上げると、力強い粘り気と、もっちりとした弾力が手に伝わる。硫黄泉の仕事だろうか、口に含むと、自然な塩っけと苦味が広がる、大人の味わいだ。お供には、梅干しにたらこ、納豆、ふきみそ、出汁わさび、味つけなめこ、白菜の漬物。おかわりも、ニヤニヤも、止まらない。

おいしく食べながら、胃腸を整え、過剰な脂質に毒されていた舌まで浄化されるなんて……まさに神業！ 健康的に、一日のスタートを切ることができた。

宿を出る直前、「梶原の湯」に挑戦する。よし、誰もいない。真冬の38度は肌寒いが、温泉効果でポカポカしてくる。満腹中枢の上がり切った脳には、注がれる源泉の音が心地よく、眠ってしまいそう。浴槽のへりにあご

を乗せ、ウトウトしていると……瞬間、「ゴポゴポッゴポンッ！」と、天然の間欠泉が騒ぎ出して、目を覚ます。そしてまたウトウト……。5分後、「ゴポゴポゴポッ！」。

男性客が入ってきた。私に気づき、カランで顔を洗い始める。気遣ってくれているのが分かった。ゆっくり浴槽を出て女湯に退避。「孔法の湯」を上がり湯に体をしっかり温め、宿を出た。

体調のいい私は山道を登って、共同湯「むじなの湯」を目指すことにした。

「今年は暖冬でアイスバーンが少ないから、歩けるかもね。寒いから熊も出ないし。気をつけてくださいね」

ご主人に送り出され、意気揚々と歩き始める。

凍結したアスファルトの端っこを、一歩一歩踏みしめながら進む。立ち止まり、一人、冬の空を仰ぎ見る。人の声も届かない、無音の世界に、何もかもが浄化されていく……まさに神業。

浴室の扉の縁を埋める、アートのような硫黄の結晶

宿を出るとき、おばあさんがお土産にくれたお菓子

「梶原の湯」は、少し肌寒いくらいのぬる湯で、じんわり温まっていく過程が眠気を誘う

こんな人におすすめ！

☑ 食べ過ぎ、飲み過ぎ、太り過ぎ
☑ ジャンクな舌をリセットしたい
☑ ぬる湯も熱い湯も堪能したい

【住　所】栃木県那須塩原市湯本塩原 153
【電話番号】0287-32-3221
【行き方】「那須塩原駅」からバスで 70 分、「塩原温泉バスターミナル」下車。そこからタクシーで 15 分
【料　金】1泊2食 8,000 円～

昆布茶のように塩《しょ》っぱい味
源泉に秘められた男のロマン

越後長野温泉　嵐渓荘

新潟県

冒険度	★★★
ひなび度	★★
清潔・キレイ度	★★★★★
リーズナブル度	★
クセ度	★★★★

「初代はなぜ掘削を始めたのか」謎を残したまま湧き続ける秘湯

長野かと思ったら、新潟だった。調べてみるとなかなかおもしろそうな秘湯である。大正末期、なぜか井戸を掘り始める男が一人。井戸水か？ 石油か？ 口数少ない人物で多くを語らなかったため、目的は誰にも分からなかったそうだ。2年ほど掘削し続けて湧き出したぬるい水こそ、越後長野温泉である。

湯治宿だけでなく、湯を瓶につめ、霊薬としても販売したそうだ。病後の回復期にも効果があり、当時の説明書もしっかり残っている。「なぜ初代は突然、掘削を始めたのか」、未だに理由が分かっていない点に惹かれる。勝手に妄想が膨らみ、ときめいてしまう。何かを求めて下へ下へと掘り続ける寡黙な男の姿。手を貸した周りの人たちのことも、想像すると笑えてくる。なんだコイツ、と思っていたかもしれない。それでも手を貸したのだから、初代の人徳の高さも想像できる。これはぜひ一度、浸かってみたい。

格式高い、大人のおもてなし旅館 越後長野温泉「嵐渓荘」

ひなびた田舎宿を想像していると面食らう。越後長野温泉「嵐渓荘」の木造建築「緑風館」は、国の登録有形文化財に指定されるほど、高尚な佇まいをしている。「温泉婚」と称した結婚式会場にもなるし、将棋のタイトル戦などの戦いの舞台にも選ばれている。

新幹線に乗って約2時間。日本の鍛冶技術を支える「ものづくりの町」燕三条駅で下車。旅館の送迎車に乗って45分ほどで、山里に広がる「嵐渓荘」に到着する。

木の葉のざわめき、渓流のせせらぎ、滝がザザンと落ちる音。旅館は山と一体化し、溶け込むように座している。庭には、渓流を眺めるための椅子や水車が設けられ、自然の借景が楽しめる。京都の庭園のような計算された作りとは違い、「お、この川いいな、椅子を

丸石で組まれた「石湯」

朝食の温泉粥！　すりごまの香りがふわっと、食欲をそそる

置くか」「水車を回して何か作るか」という風な、等身大の生活を軸にした景観美がいい。炭焼き小屋もあり、雪国の暮らしが垣間見える。

昆布茶のように塩っぱい湯
析出物のドレープが語る、効能の高さ

館内のいたるところに花が添えられ、ロビーには鈴虫の鳴き声が響き渡る。元々「嵐渓荘」は湯治宿として、療養所のような共同生活の場であったそうだ。ゆえに、いざ泊まってみると、肩のこるようなラグジュアリーさはなく、親しみやすく居心地がいい。廊下では、源泉で淹れたほうじ茶をいつでも飲めるサービスも。昆布茶のような塩気を感じる。越後長野温泉の最大の特徴は、濃厚な強食塩冷鉱泉だろう。さて一息ついたら、今度は全身で味わうべく浴室へ。

「嵐渓荘」は、貸切風呂が充実している。中でも一番は、露天風呂「石湯」だ。丸石で組まれた湯船は守門川沿い、宿の敷地内でも最も川上に位置し、せせらぎの音を楽しみながら、森林浴を満喫できる。

強烈な塩分の仕業だろう。湯がかけ流される道筋には、白い析出物が溜まり、十二単のような美しいドレープを描いている。

肌にうすい膜を張るような浴感。まったく熱くない。冷鉱泉の源泉温度は16・5度。加温が間に合わない、寒い日もあるそうだ。湯は無色だが、透明度が高いためか、光の加減によって青の翡翠のように色づいて見える。

肌をペロッとなめると、強烈な塩っぱさ！ナトリウムを含む湯はめずらしくないが、ここまでの塩味はすごい。喉にまで泉質の強さが伝わってくる。この塩味が、体に溜まった疲労まで、一気に洗い流してくれるのだ。

もう一つの貸切風呂が「深湯」。深さが130センチもあり、ゴロゴロと敷き詰められた石で、足裏を刺激しながら立浴ができる。大浴場は、源泉を長湯できる程度に加温。時間をかけて、のんびり浸かることができた。

初代のロマンを、温泉粥にして
内側からエネルギーが満ちてくる

昨晩、夕食でいただいた、湧き水で炊いた

栗ごはんも絶品だったが、ここに来た目的は朝食、「嵐渓荘」名物の温泉粥だ。塩はもちろん、出汁やその他の調味料は一切使わず、源泉だけで炊き込んでいる。まろやかで、とてもナチュラルな味わいだ。ミネラルもたっぷり摂れるから、1杯食べ終えたころには、今日一日分のエネルギーが、体に満ち満ちている感じがする。「整いました」と、芸人じゃなくても言いたくなる（笑）。

浸かる温泉ももちろん好きだが、温泉粥も、価値高い食べ物だと思う。自噴する場所でしか食せない、特別な味わい、そして効能パワー。私は、越後長野温泉を掘り当てた初代に感謝を込めて、深々と頭を下げて宿を出た。

当時、あなたが何を思い、どんな信念を持って掘削したかは、これからもきっと、ずーっと闇の中ですが、おかげさまで、今日の私は心身ともに前向きです。

足つぼを刺激しながら浸かる「深湯」

源泉で淹れたほうじ茶を、一杯

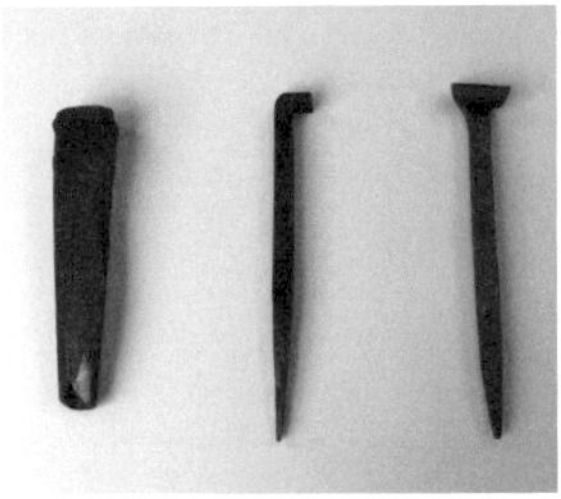

ものづくりの町・燕三条では、鍛冶体験もできる。一番左が、私が人生で初めて熱いうちに打った鉄釘。ブサイク過ぎて笑える

1955年に移築された「緑風館」は国登録有形文化財。堂々とした風情のある建築だ

こんな人におすすめ！

- ☑ 塩っぱい湯で疲れを流したい
- ☑ 贅沢な宿に泊まりたい
- ☑ 男のロマン・歴史に触れたい

【住　所】新潟県三条市長野1450
【電話番号】0256-47-2211
【行き方】「燕三条駅」から、宿の送迎車に乗って45分
【料　金】1泊2食22,000円～（お一人さま宿泊の詳細は、公式サイトや電話で確認を）

深い眠りに誘う秘湯
温泉粥もっちり、翌朝スッキリ

岩倉温泉

秋田県

冒険度	★★★★
ひなび度	★★★
清潔・キレイ度	★★★★
リーズナブル度	★★★★
クセ度	★★★

深夜になっても街灯ピカピカ
体内時計を狂わせる都会生活

朝が苦手だ、起きられない。特技は夜更かし、朝食は珈琲のみ、健康的とは言えないだろう。一方、温泉地の朝は早い。普段ならまだ寝ている時間に朝食となる。いかに自分の体内時計が狂っているか。

湯治とは、温泉に浸かるだけでなく、お日さまやお月さまの時間に、正しく体を整えることなのだろう。実際たった1、2日の滞在でも、全身がシャンと正される感覚だ。就寝前の入湯で体を温めて布団に入れば、じわじわ体温が上がり、ドンと深い眠りへ。翌朝、スッキリ爽やかに目覚められる。そして……一日のはじめに口にするのがカフェインではなく、温泉粥だったら、もう完璧ではないか。

秋田の森林に囲まれた秘湯宿
深い眠りの湯「岩倉温泉」

花火大会で有名な大曲駅で降りる。曇天。コンビニで若い女性店員にバス停の場所を伺ったら、とても親切に、違う乗り場を教えてくれた。そんなに人が乗らないバスなのか。間違いに気づき、ギリギリで岩倉温泉行きに乗ることができた。

田んぼだらけの道を走る。途中、ご老人が数人、乗ったり降りたり、そして最後は一人になり、終点「深い眠りの湯 岩倉温泉」に到着した。

受付でご主人から坦々と説明を受ける。女将さんからは、「こちらがお食事処、浴室はこちら、部屋はこちらです、どうぞごゆっくり」と、言い慣れたセリフを早口で伝えられ、焦ったが、なんとか頷き返し部屋におさまった。ふう……。

「岩倉温泉」は、日帰り入浴を求める常連さんも多い。駅前ではほとんど人を見かけなかったのに、浴室前に並んだスリッパの数に、「どこから人々が……?」と驚いた。

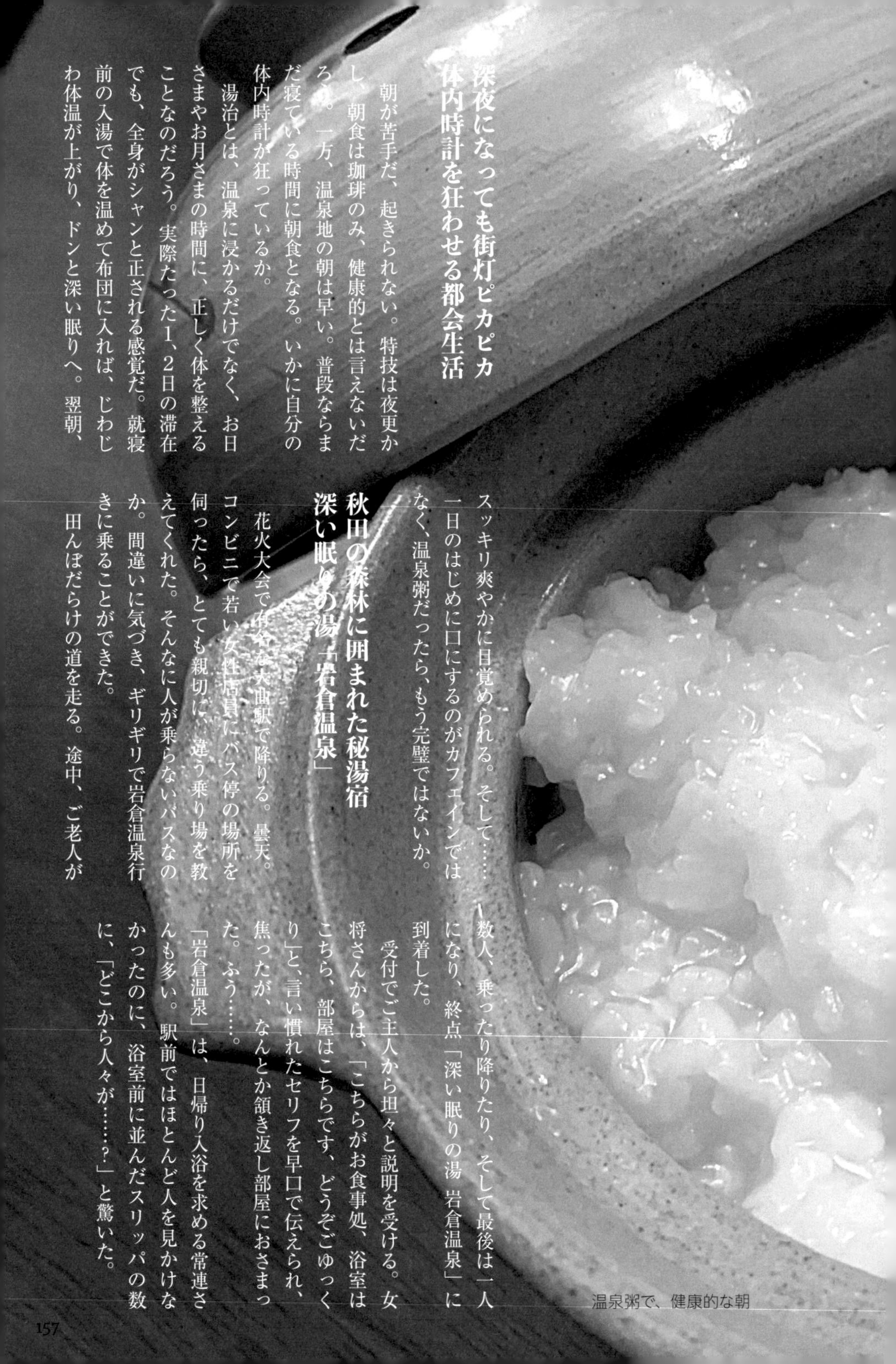

温泉粥で、健康的な朝

浴槽の深さは80センチ以上もある。
大汗がかけるようにとの工夫だそうだ

ほの暗い浴室がヒーリング効果にミネラルたっぷりで便秘にも◎

人がいなくなったころを見計らって浴室へ。廊下には洗面台が並び、蛇口をひねれば、どれも100パーセントの源泉が流れ出す。さっそく紙コップに入れて飲んでみた。複雑なえぐみとかすかな塩気。この湯で明朝、粥が炊かれるのか。

「温泉成分のミネラルをたくさん摂ると下痢をします。それが適量だとスッキリ体験となります」

壁の張り紙に目を通し、お腹をさすりながら脱衣所へ向かった。

ほの暗い浴室は落ち着く。橙の照明が湯気に包まれ、幻想的な雰囲気だ。水色のタイル風呂は深く、底に足をつくと、腰の高さまで湯が満ちる。おばちゃんが、足を上げたり下げたり、運動浴をしている。

湯はなかなかの熱さだ。「ん～」と我慢して浸かり、「は～」と全身の力を解放して慣れさせる。隣の男性風呂との間には仕切りがあるが、湯の流れ自体はつながっていて、真ん中に置かれた龍の口から、ドバドバと源泉がかけ流されている。ナトリウム・カルシウム-塩化物・硫酸塩泉。体温がどんどん上昇して、あっという間に額が汗ばむ。出たり入ったりを繰り返し、気怠さを覚えて浴槽を出た。

素朴な夕食は、腸によさそうな山菜づくしだ。岩魚の塩焼き、地鶏のきりたんぽ鍋、いぶりがっこもおいしい。

先客がいた。日本酒を片手に陽気に話しかけられる。

「あなた一人？　私もよ。家には鶏2羽と猫4匹とダチョウがいるから、明日には帰らなきゃだけど」

え、ダチョウ？　掴みがキャッチーすぎる。住まいを聞くと埼玉だという。事務職を定年まで勤めあげ、今はボランティア業に勤しみながら年金暮らし。月に一度は一人旅をし、山菜採りに行くそうだ。ご年齢はなんと73歳、快活すぎる！

その後も、資産整理の話や甥っ子宛の遺言の話、家で動けなくなったときの想定など、一人で年を重ねるための心構えに、2人で会話の花を咲かせた。先輩、勉強になりました。

宿の蛇口をひねれば、源泉が流れ出す。マグネシウムが豊富な、天然の下剤

翌朝シャキン！ 爽快な目覚め 朝食は、温泉粥で腸スッキリ

気づいたら朝だった。浴衣がグッショリ、汗で濡れている。こんなに清々しい目覚めは何年ぶりだろう。肩をグルリと回し、伸びをする。寝る前に湯に浸かり、源泉パワーに包まれながら眠ったのが効いたのだと思う。

朝食はお待ちかね、温泉粥だ。粘り気を帯びた、もっちり食感。良薬のようなほのかな苦味。梅干し、焼き鮭、山菜の佃煮など、おかずで味を変えて楽しんだ。そういえば、昨夜のお一人さまの先輩の姿が見えない。朝イチで山菜採りに出掛けたのだろうか。

帰り際、バスを待つ時間に、ご主人と女将さんと少しだけ話すことができた。

「温泉どうだった？」

「すごくよかったです。温泉粥も満足でした」

「過ごし方を見ていたら分かるんだよ、この人は本当に温泉が好きなんだろうなって」

テンション低めだったご主人の声が、熱を帯びるのが分かった。プロの湯守に認められたようでうれしかった。

偽りのない名湯・岩倉温泉。いつもなら起床する時間に宿を出た。東北の森林を潤す空気はよどみなく、どこまでも健やかに澄んでいた。

夕食も朝食も、湯治らしい山の手作りご飯

こんな人におすすめ！

- ☑ 寝つきが悪い、眠りが浅い
- ☑ 便秘が続いている
- ☑ 温泉粥で健康的な朝を迎えたい

【住　所】秋田県大仙市南外字湯元1
【電話番号】0187-74-2345
【行き方】「大曲駅」から歩いて3分の大曲バスターミナルへ。「岩倉温泉」行きバスで45分、終点が宿の目前
【料　金】1泊2食 11,000円〜

ゆったり深呼吸、自分と向き合う

マイナスイオンを浴びて 瞑想温泉

「分かりました」と口にはするけれど、
本当は投げ出したい気分のような。
理屈っぽく考えて、見えなくなっているような。
自分でも、素直な気持ちが分からないときがある。

そんなときこそ、お一人さま瞑想温泉だ。
日常生活を離れ、パッンと情報を遮断する。

木の葉が風に揺れる音。
滝がサラサラと流れる音。
チャプリと湯がたゆたう音。

よい湯に体を預けていると
こり固まった頭もやわらかくなり、
こんがらがった思考の結び目が見えてくる。
すんなり出口が見つかることがある。

貸切露天というのもまたいい。

―私がハマった瞑想温泉

♨ 底倉温泉「函嶺」（神奈川県）
♨ 堀田温泉「夢幻の里　春夏秋冬」（大分県）
♨ 般若寺温泉（岡山県）

大正時代の病院に湧く風に揺れる竹林の音に、整う

底倉温泉・函嶺《かんれい》 神奈川県

「あー疲れた」「あーもう嫌だ」ネガティブ発言は、積極的にする

ネガティブな言葉は、あえて口にするようにしている。言葉にすることで耳から脳に伝わり、全身が「休め」の状態に切り替わるのだ。がんばれるときは、言葉に反して心身が前を向くもの。嫌なときは、本当に限界なのだと思う。

そもそも私は根っこがネガティブなのだ。「大丈夫です、がんばれます！」なんて発言は、不健全以外の何ものでもないと思っている。周りに愚痴って、八つ当たりしながら仕事をする方が、よっぽど健全だと思っている。

問題は、自分の素直な気持ちが分からないときだ。なあなあにして蓋をしていると、どこかで爆発してしまう。

そんなときこそ、お一人さま逃亡温泉だ。露天風呂で裸の自分と向き合うと、自ずと答えや覚悟が見えてくる。

冒険度 ★★
ひなび度 ★★
清潔・キレイ度 ★★★★★
リーズナブル度 ★★
クセ度 ★★

リニューアル前の洋館。リニューアル後も大正ロマンな佇まいは健在

豊臣秀吉も、明治時代の外国要人も心身の傷を癒やした「底倉温泉」

箱根湯本駅から登山鉄道に乗り換える。有名なスイッチバック運転を経て25分、宮ノ下駅で下車。パン屋やアンティーク骨董品店が並ぶ道を抜け、紅葉した山の中、早川と蛇骨川が合流する渓谷の上を目指す。そこに箱根七湯の一つ、「底倉温泉」は湧き続けている。

江戸から明治にかけては、日本でも有数の湯治場として栄え、温泉医療の現場としても発展してきた。今回訪れる「函嶺」も、今でこそ観光客を受け入れる日帰り温泉施設だが、元は温泉療養に特化した「函嶺医院」だった。

通りにポツンと立てられた看板を見つけたら、脇道に入り、坂を下る。鬱蒼《うっそう》とした木々の中、しっとりとした洋館が現れる。外観はもちろん、受付や待合室まで、大正時代の病院の雰囲気だ。湧き続ける湯も、温泉療養が盛んだったころと変わらない湯質だろうか。

リニューアル前（左）、リニューアル後（右）。湯船比較

風に揺れる竹林の音、熱めの湯
リラックス……脳内整理が進む

「函嶺」は、たっぷり1時間、貸切露天風呂を堪能できる。飛び込みも可能だが、昨今は予約がおすすめ。昔はふらりと気ままに訪れても空いていたが、リニューアル後は人気があるようだ。受け付けを済ませて一度外に出る。建物の裏に回り、少し下ったところにシャレた脱衣小屋がある。

　服を脱ぎ、扉を開けた瞬間。鮮やかな竹林に囲まれた、隠れ家チックな露天風呂がお目見えだ。以前はゴツンと男らしい岩風呂だったが、今は、ツルンとした石風呂に。浅めに設計されており、半身浴や寝湯にも丁度いい。注がれる湯は……ああ、変わっていない、この熱さ。かけ湯をし、ゆっくり体を沈めていく。

　源泉は、体を芯から温めるナトリウム－塩化物泉で、無色透明。約70度の湯に加水しているが、フレッシュな浴感だ。弱塩泉のため肌触りはサラッとしてクセがない。人を選ばない湯質は、療養向きだったのかもしれない。

　特筆すべきはロケーションだろう。湯船を囲む竹林。風が吹く度にサヤサヤと揺れる。コポコポと注がれ続ける湯の音と重なり、クサっていた気分も癒やされる。上半身を風に吹かせる半身浴も爽やかだ。熱を帯びていた脳内もクールダウンし、整えられていく。日常から離れたこの場所、この状態で決断することは、きっと後悔しない結果になるはずだ。

「よし、あの仕事はもうやらない」

　本当はやりたかった。自分が案を出したし、大事に育てたかった。だけど……これ以上、周りに気を遣いながら、粘って食らいつきたいと思えない。あきらめよう。逃げてしまおう。そうだそうだ、割り切りが肝心だ。

「他のことに、もっと自分の時間と労力を使おうっと」

　覚悟が決まればあとは進むだけ。脳みそにこびりついていた執着を、温泉でサッパリ洗い流すことができた。まるで憑き物が落ちたみたい。そうしたら、だんだんお腹も空いてきた（笑）。私はもう一度だけ肩まで浸かり、10秒数えて湯から出た。「函嶺」を背にして登る坂道は、羽が生えたように軽かった。

栄養たっぷり！　自然薯料理で明日からの英気を養っておこう

ランチは、自然薯の森「山薬」を訪れた。医院の温泉で体を温めた後は、自然薯を食して、明日からの英気を養おうというナイスな考えだ。こだわりの麦飯に、とろろがたっぷり。山芋ステーキ肉味噌あんもうまい。

食後は緑茶をすすり、色づき始めた箱根の山々をぼんやり眺める。すると、「よし、明日の仕事はこれをしよう、その後はこれをやって……」と、よどみを浄化した頭が回転し始める。じわじわやる気が満ちてくる。

戦争中じゃあるまいし、偽りのポジティブ発言で自分を鼓舞する必要も、我慢する必要もない。必要なのは……そう、温泉だ。自分の気持ちを浮き彫りにしてくれる、背中を押してくれる、よい湯があれば、もうそれで。

「函嶺」といえば、竹林。風に揺れる音が心地いい

自然薯メニューが楽しめる「山薬」。久しぶりに訪れたらめちゃめちゃ長蛇の列だった

こんな人におすすめ！

- ☑ 竹林の音に癒やされたい
- ☑ 頭の中を整理したい
- ☑ 寝湯や半身浴を楽しみたい

【住　所】神奈川県足柄下郡箱根町底倉 558
【電話番号】0460-82-2017
【行き方】「箱根湯本駅」から 3 駅の「宮ノ下駅」で下車。歩いて 10 分もかからない
【料　金】日帰り貸切温泉 1,500 円

別府女将も嫉妬する⁉ マイナスイオンと湯の協奏曲

堀田温泉　夢幻の里　春夏秋冬

大分県

最高のロケーションが自慢の
人気ナンバーワン「滝の湯」

「自由に、気持ちが赴くままに」意外と、難しくないですか？

最近の旅行雑誌は、ガイドブック的な要素が強いと思う。モデルコースも丁寧だ。「何時にホテル出発、何時に○○神社到着→○○でランチ→移動○○分→○○に到着」「移動は○○バスが早い」など。みっちりスケジュール管理されていて、「仕事じゃねえし」と突っ込みたくなる。

私は迷子になりたいのだ。仕事では許されない失敗がしたいのだ。確かに秘境では交通面に不便があるので、時刻表くらいはチェックするが、「最悪、屋根のあるところで寝られればいいや」くらいの気分が丁度いい。「自由に、気持ちが赴くままに」。お一人さま逃亡温泉の旅は、この命題への挑戦だ。

明礬温泉の女将がすすめる 堀田温泉「夢幻の里　春夏秋冬」

「お宿だったら、教えないんだけどね〜」

岡本屋の女将さんに、唐突に誘われた。美しいロケーションに感動する、立ち寄り湯があるという。実はもうバスに乗る時間だったのだが……別府女将が絶賛する温泉、行かないわけにはいかない。今日、帰れなくてもいいか。私は女将さんの車に乗り込んだ。

五月晴れ、青葉が覆いかぶさる道を進むと、ロッジ風の建物が見えてきた。堀田温泉「夢幻の里 春夏秋冬」だ。湯布院に通じる交通の要衝として、江戸時代から栄えてきた温泉地。中でも「夢幻の里　春夏秋冬」はその名の通り、四季折々の景色を楽しめる立ち寄り湯として人気だそうだ。

中に入ると、サインがずらっと並んだ受付に、広々としたロビー。オーナーの娘さんが出迎えてくださった。朗らかで闊達な雰囲気の女性だ。また話しぶりから、「夢幻の里 春夏秋冬」への愛情と自信が伝わってきて、こちらもワクワクさせられる。私の温泉紹介Webサイトも見てくださっていて、「ええっ、

冒険度	★★★
ひなび度	★★
清潔・キレイ度	★★★★★
リーズナブル度	★
クセ度	★★★★

あなたが！」と、往訪を喜んでくださった。気恥ずかしいやら……恐れ多いやら……。

青葉もキラキラ輝く、温泉の里 乳白色の露天がいくつも点在

「一番いい湯に入った方がいいから！」

岡本屋の女将さんも一緒になって案内してくれた。大浴場に、貸切が五つ。山と一帯になった敷地には緑があふれ、太陽の光を反射した川面がキラキラ、目に眩しい。その合間に、いくつも露天が点在するさまは、まさに温泉の里である。

「これが女性用の大浴場、夢幻の湯。こっちが、月の湯という貸切露天風呂ですね」

一つ一つ紹介してくださるのだが、扉を開ける度に、「これはまだ序の口ですから」と先を急ぐ。ううっ、この美しい乳白色の湯、もっと見たい、触りたい、浸かりたいのに〜！

そうしてたどり着いた最奥地、

「一番人気の貸切湯です、ごゆっくり〜」

私は「滝の湯」と書かれた湯小屋に押し込められた。

脱衣所から、チラチラと目に入る湯船と滝。

「ヤバいよ！　ヤバいよ！」

芸人・出川哲朗みたいに興奮して、一人で声を上げてしまう。ああもう、服を脱ぐのがもどかしい！

硫黄泉と滝が織りなすファンタジー 完全貸切！　夢のような1時間

乳白色の硫黄泉が、正方形の石風呂からあふれている。背後には、絶えず流れ落ちる滝の姿、そして轟音。まるで絵本に出てきそうなファンタスティックなロケーションに、ボルテージはマックスだ！　浸かると、滝のしぶきが顔に当たるほど。湯船の下ではサラサラと、軽快に川が流れている。

熱いかな？　と警戒したが、そこまでではない。ほんのり額が汗ばむ心地よさ。湯船のすみには、白濁色の湯の華がこってりと溜まっている。サラリとした浴感だが、この温泉成分がたっぷり溶け込んでいるのかと思うと、なんてリッチだろう。

貸切なので、ずーっと一人。滝の音しか聞

こえない静けさに、一度はマックスまで跳ね上がったテンションも、徐々に落ち着いていく。マイナスイオンを浴びながら、じっくり浸かる1時間に、心も頭も休まっていく。
　はぁ〜やっぱり、旅に予定なんて不要だな。確かにハズしたときは、3時間歩いたり、昼食を食べ損ねたり、雨に降られることもあるけれど、大当たりしたときの興奮は何物にも代え難い。この当てるセンスこそ、生きるセンスよ、磨かねば。

　実はこの旅で、他にもいくつか当たった場所がある。別府冷麺を食べに訪れた「みゆき食堂」。そこで私はご主人に絡まれた。行かないって言うのに、しつこくすすめられた大衆劇場ヤングセンター（2020年3月末に閉鎖）。いらんって言うのに、紅葉のレプリカを持たされ、一人記念撮影（引きつった顔）。だがしかし。最後に教えてくれた「みかゑり温泉」は、個性的でクセの強い、めちゃめちゃおもしろい立ち寄り湯だった。

　結局その日は帰れず、鉄輪温泉「温泉閣」に宿を取ったのだが、ここの女将さんもまた強烈で……！　とにかく、予定のない旅は、話が尽きない。

大浴場「夢幻の湯」。天候によって湯の色が変わる

脱衣所からチラチラと目に入る湯船と滝にテンションが上がる

「みゆき食堂」のご主人が撮った私。紅葉のレプリカを持たされ、困惑した表情（苦笑）

こんな人におすすめ！

☑ 乳白色の硫黄泉に浸かりたい
☑ 滝のマイナスイオンを浴びたい
☑ 完全貸切でリラックスしたい

【住　所】大分県別府市堀田6組
【電話番号】0977-25-1126
【行き方】「別府駅」からタクシーで15分
【料　金】「滝の湯」3,000円。その他、貸切露天2,500円〜／「大浴場」大人700円、小人300円

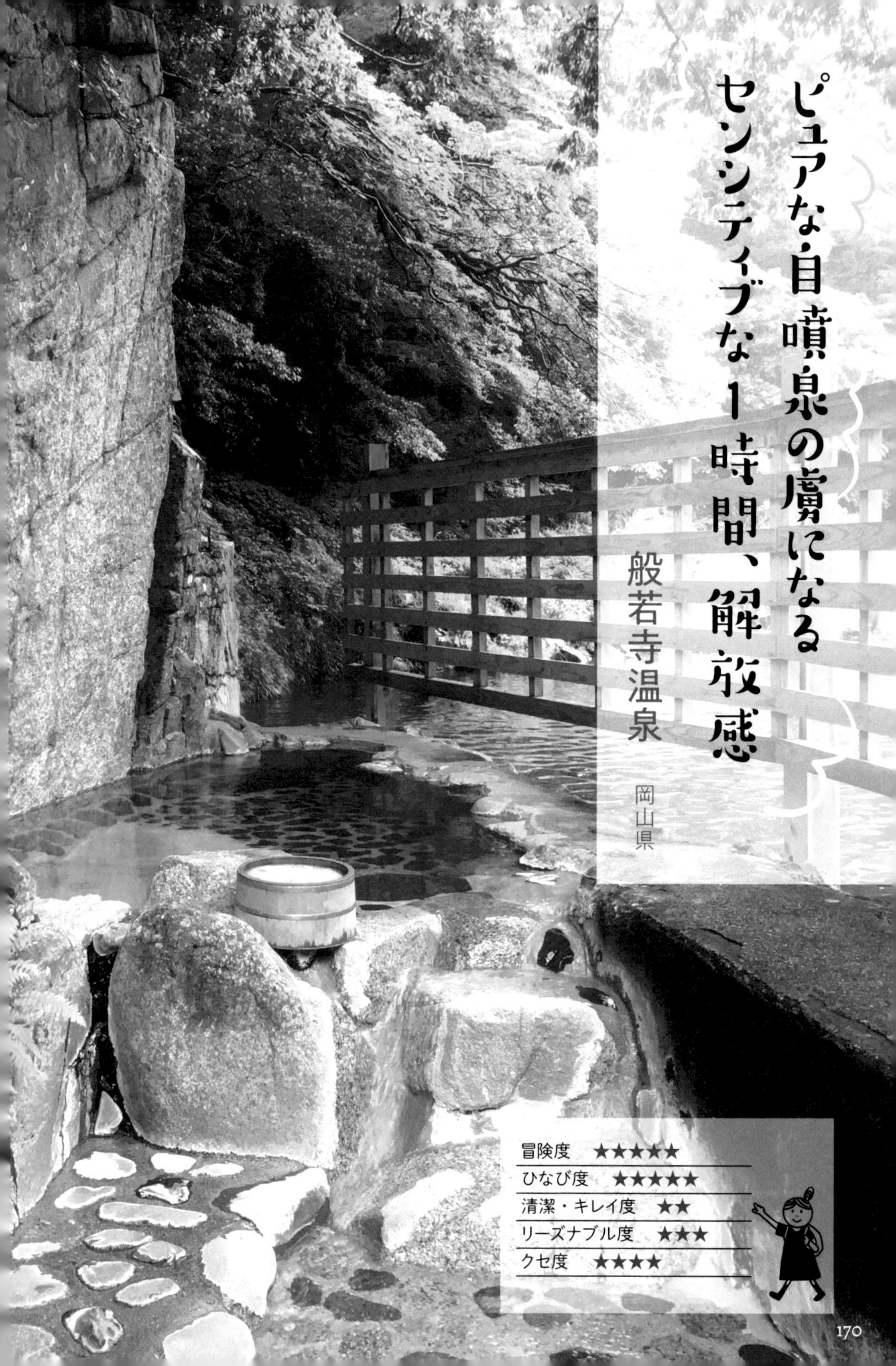

ピュアな自噴泉の虜になる センシティブな1時間、解放感

般若寺温泉

岡山県

冒険度	★★★★★
ひなび度	★★★★★
清潔・キレイ度	★★
リーズナブル度	★★★
クセ度	★★★★

「あの湯に入りたい！」という衝動 何歳になっても失いたくない

温泉に惹かれる理由は、私が頭でっかちだからだと思う。言葉に頼りすぎる傾向がある。社会人になり、一層強化されてしまった。

学生まではなんだかんだ、感覚の合う友達といればよかったが、仕事になるとそうはいかない。事を進めるためには、他人と理解し合わねばならない。生まれも、立場も、年齢も、性別も、思想も、趣味嗜好も、何一つ噛み合わない人と疎通するために、言葉を選び、理性的なセンテンスを用いて整理する。

だけどそれだけでは……圧倒的に足りないっていうか。やっぱり人がイキイキするときって、論理じゃない。「楽しそう」「いい感じ！」っていう、感情の爆発、衝動、これに敵うものはないと思う。

「あの湯に入りたい！」「気持ちいい〜」っていう、よどみも意図も作為もない、真っ裸で生まれる感受性こそ、温泉の醍醐味だと思うし、大げさかもしれないけれど、生きていく上で大事にしたいセンスだと思う。頭も心も不感症にならないように。さあ今日も、お一人さま逃亡温泉の旅に出掛けよう。

五月晴れの奥津渓、竹林の道をゆく 秘境感たっぷり「般若寺温泉」

岡山駅から津山駅に出る。さらにバスに乗って1時間、私が目指したのは「般若寺温泉」だ。写真でロケーションを見て、行ってみたい！　と焦がれ続けていた。

美作三湯の一つ、奥津温泉に属するが、少し離れた場所にある。当初、山奥の一人旅に躊躇していたが、思いの外バス停も近く、青空が広がる奥津渓を眺めながらの道程は気分がよかった。右を見ても、左を見ても、山、川、光。整備されたアスファルトにこぼれる

昔は木柵もなく、もっと開放感のあるロケーションだったそうだ。今も惜しむファンは多い

木漏れ日は、眩しいほど輝いている。

奥津温泉のバス停から歩いて約20分。大きな看板を目印に、竹林に覆われた坂を下ると、茅葺き屋根の母屋が見えてくる。秘湯好きの間でも名高い自噴泉「般若寺温泉」だ。近づくと、ワンちゃんに吠えられてしまった。追ってご主人も登場。

「電話で予約をくれた方ですね、どうぞ」

生まれたての赤ちゃん肌のようなピュアな自噴泉に抱かれて

完全予約制の1時間貸切湯。前日に電話し、予約することができた。もとは明治4年に開業した宿坊で、昭和に入って宿となった。今もまだ、離れの方では宿泊を受け付けているのだろうか。

プラスチックの籠に脱いだ服を入れ、いざ出陣。質素な湯小屋には内湯がある。岩肌のあちこちから、トクトクトクトクトク～混じりけのない清らかな湯が、脈打つように生まれ続けている。三つの源泉がブレンドされた、39度のアルカリ性単純泉だ。ダイレクトに岩風呂へ流れ込み、揺らめいている。

ああ、なんて言えばいいんだろう。生チョコ、生キャラメルってあるじゃないですか。その感覚に似て、表現するなら生湯？ 生温泉？ みたいな。なめらかで、ふくよかで、ふわとろな湯感。赤ちゃんの肌を触り続けているような離れがたさ。露天風呂を目当てに訪れたのに、こんなとろけるような湯質と出会えるなんて。洞窟のような浴室には木枠の窓が取りつけられ、ステンドグラスのように厳かな光がさしている。私は神々しい光を浴びながら、全身でピュアなぬる湯を味わった。

断崖下の露天風呂に目がくらむ渓流の音、木漏れ日、解放感

時間配分を考え、露天風呂へ。すぐ目の前にあるのだが、一度、外に出ないといけない。服を着直すのが面倒くさかった。バスタオルを持ってくればよかった。

これが、焦がれ続けた「般若寺温泉」の露天風呂か！ 渓流とつながっていると錯覚するほど、川面に隣接した岩風呂だ。昨夜は雨

が降ったため、水かさが増し、より水流との一体感がある。そばには、奥津八景・鮎返しの滝。見上げれば、淡い木漏れ日を生み出す樹木の天井。風がそよぐ度、おぼろげな葉の影が揺れて、チカチカする。意識を遠くへ、くらませる。目を瞑り、深呼吸。

湯温は41度前後。長く浸かると次第に頬も火照り、汗ばむ程度には熱い。泉質自体は内湯と変わらないそうだが、肌切れのいいサッパリ感がある。でも何というか……アルカリ泉がどうとか、湯温がどうとか、どうでもいいな。本当はぜんぜん詳しくないし（笑）。数値や成分などの共通言語で、温泉を理解するパターンもあるが、大事にしたいのは素直な浴感や、ロケーションに浸っている今の気分だ。それは、日常生活を頭でっかちに過ごす自分を、どこまでも無限に、解き放ってくれる。

「はあ、気持ちいい……」

のんびり心ゆくまで、時間を忘れて……。本当に忘れて、私はあわてて服を着た。とても感度の高い1時間だった。もうあと30分くらい、とろとろしたかったな。

山を背負うように、堂々と鎮座している茅葺き屋根の母屋。ワンちゃんには吠えられた（笑）

神秘的な魅力のある内湯。湯質は内湯の方が圧倒的。さすがの自噴泉

電車を待つ間に、「いっぱい茶屋 東宝」のご当地B級グルメ「津山ホルモンうどん」を食す

こんな人におすすめ！

- ☑ ピュアな自噴泉に浸かりたい
- ☑ 自然の中、真っ裸で一人になりたい
- ☑ 頭でっかちな自分を解き放ちたい

【住　所】岡山県苫田郡鏡野町奥津川西 20-1
【電話番号】0868-52-0602
【行き方】「津山駅」から奥津温泉行きのバスで「奥津温泉」下車、徒歩 20 分。最寄りの「小畑」下車なら徒歩 5 分
【料　金】予約貸切制　大人 1,100 円、小人 550 円。4 月中旬～ 12 月初旬限定

お一人さま逃亡温泉、旅してみたくなりましたか？

温泉に行く日、私はスケジュール表に「逃亡」と記します。旅行でも、宿名でも、温泉名でもなく、「逃亡」です。

追われるような日常からの逃亡、気遣いの毎日からの逃亡、イヤになるくらい過剰な自意識からの逃亡。

「ああ、疲れた～疲れた～」

あえて言葉にして、深いため息を吐きながら温泉に浸かると、全身から力が抜けていきます。

お一人さま逃亡温泉は、癒やしという枠を超えて、今ではすっかり私の命綱というか、生きるための杖というか。さまざまな湯質が、そのときどきの気分や悩みに寄り添って、おおらかに受け止めてくれる。この安らぎや解放感は、気疲れ人間の救いになると思います。

一人旅が、まだ不安な方もいらっしゃると思いますが、安全な国として世界からも認められている日本。むしろ「ちょっと不安」と気をつけている方こそ、楽しく逃亡温泉ができると思います（私がそうでした）。

一人を温かく迎えてくれる宿も増えていますし、昔ながらの秘湯の方が、意外とオープンです。気負わず、まずは一歩、踏み出してみてください。

最後に、私の温泉師匠であり、ひなびた温泉研究所ショチョーの岩本薫さん、好き放題フリーダムに書かせてくださったみらいパブリッシングの松崎社長、やさしく手助けしてくださった編集の安達さんに御礼を。そして、最後まで読んでくださった皆さま、ありがとうございました！

加藤亜由子（かとう・あゆこ）

「お一人さま温泉旅」文筆家

1983 年生まれ。本業のコピーライター・広告制作の仕事をしながら、一人で温泉をめぐる旅を趣味として、その様子をつづる Web サイトや Instagram を運営。今回初めて温泉本の上梓にいたる。2004 年には、詩集「ミュールは脇道を歩いていく」を上梓。現在、詩誌 GATE の同人メンバーでもある。

「お一人さま温泉旅」
Web サイト：https://ohitori-onsen.com/
Instagram：@ohitori_onsen
Facebook：https://www.facebook.com/ohitorionsen

お一人《ひとり》さま逃亡温泉《とうぼうおんせん》

ビジュアルガイドシリーズ

身《み》も心《こころ》も浄化《じょうか》する旅《たび》！

2021 年 7 月 9 日　初版第 1 刷
2021 年 8 月 15 日　初版第 3 刷

著　者／加藤亜由子《かとうあゆこ》
発行人／松崎義行
発　行／みらいパブリッシング
〒166-0003 東京都杉並区高円寺南 4-26-12 福丸ビル 6F
TEL 03-5913-8611　FAX 03-5913-8011
http://miraipub.jp　E-mail: info@miraipub.jp
編　集／安達麻里子
ブックデザイン／池田麻理子
発　売／星雲社（共同出版社・流通責任出版社）
〒112-0005 東京都文京区水道 1-3-30
TEL 03-3868-3275 FAX 03-3868-6588
印刷・製本／株式会社上野印刷所

ISBN978-4-434-29032-9 C0076

掲載の情報は発行時現在のものです。予告なく変更されたり、廃業や営業が休止されることもありますので、ご利用時には宿や施設にご確認されることをおすすめします。